Markus Hitzler, MBA

Workout-Quickies II

Mit ranged functional Isometrics zur
herausragenden Fitness!

Bibliografische Information der Deutschen Nationalbibliothek: Die Deutsche Nationalbibliothek verzeichnet diese Publikation in der Deutschen Nationalbibliografie; detaillierte bibliografische Daten sind im Internet über http://dnb.dnb.de abrufbar.

© 2024 Markus Hitzler, MBA

Verlag: BoD • Books on Demand GmbH, In de Tarpen 42, 22848 Norderstedt
Druck: Libri Plureos GmbH, Friedensallee 273, 22763 Hamburg
ISBN: 978-3-7597-7861-1

Markus Hitzler, MBA

Prucknergasse 14

3052 Neustift-Innermanzing

Österreich

office@markus-hitzler.at

www.markus-hitzler.at

In diesem Buch wird ein Fitness-Optimierungs-System für den Bewegungsapparat dargestellt. Jeder Leser / jede Leserin, wendet die Inhalte dieses Ratgebers auf eigene Gefahr an. Sollten Sie Schmerzen haben, die sich nicht bessern und Sie eine schulmedizinische Diagnose benötigen, wenden Sie sich bitte an einen Arzt oder Therapeuten und erkundigen Sie sich, ob das vorliegende Trainings-Konzept für Sie anwendbar ist.

Um die einfachere Lesbarkeit dieses Ratgebers zu gewährleisten, wird für Personen nur die männliche Form (Leser, Arzt, Klient, Praktiker, usw.) genutzt. Aussagen gelten jedoch gleichermaßen und wertschätzend für alle Geschlechter. In der weiteren Folge dieses Buches, verwende ich zusätzlich das respektvolle „Du", anstelle der Höflichkeitsform „Sie", um Inhalte möglichst unkompliziert und direkt zu vermitteln. Bildinhalte dieses Ratgebers darfst Du jederzeit zu privaten Zwecken, für die Organisation deines eigenen Trainings, nutzen – für eine kommerzielle Nutzung und Vervielfältigung der Inhalte bitte ich Dich, zuvor meine schriftliche Genehmigung einzuholen.

Inhaltsverzeichnis

Vorwort

Rein isometrische Kräftigungsübungen (Kraft-Training ohne Bewegung), wie ich sie im ersten Buch über die Workout-Quickies „Workout-Quickies 4 Anytime: stark & fit ohne extra Zeitaufwand" dargestellt habe, sind für eine grundlegende Fitness, einen gesunden Muskelaufbau- und erhalt in einem grundsätzlich sportlichen Lebenswandel sehr gut geeignet. Dafür bringen sie bei einem minimalen Aufwand, ein maximales Ergebnis, mit sich. Jedoch haben sie zugegeben, eine Schwäche: Genau genommen sind sie realitätsfremd, wenn ausschließlich diese bewegungslosen Übungen als Training ausgeführt werden und sonst keine Bewegung / muskuläre Anstrengung in Bewegung in den Alltag integriert wird. Klassische Isometrics können daher immer nur als ein Teil / eine praktische Ergänzung und zusätzlicher Boost für dein sonstiges bewegtes, sportliches und gesundes Leben gelten, wenn Du über eine Grundlagenfitness hinaus, athletisch und außerordentlich fit werden möchtest.

Denn wo findest Du, abgesehen von den besagten Isometrics-Trainings, in deinem normalen, alltäglichen Leben, dass ein Functional-Fitness-System ja nachstellen bzw. unterstützen soll, keinerlei Bewegungen, wenn Du körperliche Anstrengungen ausübst?

Isometrisch-muskuläre Haltearbeiten unter fast vollständiger muskulärer Ausbelastung kommen im realen Leben trotzdem immer wieder vor – jedoch sind sie für gewöhnlich mit Bewegungen unter weiterer muskulärer Anstrengung kombiniert. Als Beispiel: In der Realität ergreifst Du einen wirklich schweren Gegenstand (entspricht isometrischer Muskelarbeit) unter voller Anstrengung deiner Hände und Arme, um ihn festzuhalten und hebst ihn mit Hilfe deines restlichen Körpers von A nach B. Dabei hält dein Rumpf unter Umständen zusätzlich muskuläre, isometrische Stabilität, damit sich deine unteren Extremitäten / deine Beine zielgerichtet bewegen können. Funktionelle Bewegungsmuster sind daher immer eine Kombination aus annähernd statischer / haltender Stabilität (isometrisch) und dynamischer / agierender (konzentrischer und exzentrischer) Muskelarbeit.

Reale Situationen dieser Art und in Kombination mit reinen isometrischen Kraftübungen, werden in den ranged functional Isometrics nachempfunden, um die es in diesem zweiten Workout-Quickies-Ratgeber geht. Die späteren Übungen dieses Buches geschehen in geringfügigen Abwandlungen zu alltäglichen Bewegungsmustern, sodass die Übungen zusätzlich einen guten Ausgleich zu deinen häufigen, täglichen und oft monotonen Anstrengungen schaffen und so deinen Bewegungsapparat vielseitig fit machen. Hier spielen auch die Aspekte eines funktionellen Haltungstrainings in das vorliegende Trainingskonzept hinein.

So kannst Du deine Fitness noch weiter hinauf, auf ein neues Level, optimieren!

Markus Hitzler (Wien, August 2024)

Markus Hitzler, MBA

Movement Educator

... über 10 Jahre sporttherapeutische Tätigkeiten & Entwickler des holistischen Trainings-Konzepts „muscle:coaching"

... über 20 Jahre Trainertätigkeit (Tennis als Gesundheitssport und allgemeines Athletiktraining)

[4]

Warum Muskeln ein Coaching brauchen

Ich werde in diesem Ratgeber immer wieder den Begriff des muscle:coachings (M:C) erwähnen. Dies ist der Eigenname für das gesamte Trainings-Konzept, dass den Workout-Quickies-Ratgebern zugrunde liegt. Dabei hat der Begriff selbst seine Ursprünge in der Sportkinesiologie – diese wird im angloamerikanischen Raum, mit ihrem Spitznamen, als Muscle-Coaching bezeichnet.

Wenn wir den Begriff per se, in seiner wörtlichen Bedeutung, betrachten, kannst Du die berechtigte Frage stellen: Warum sollte man Muskeln coachen?

Genau diese Frage möchte ich Dir im ersten Kapitel dieses Ratgebers beantworten und damit einen Einstieg in das Thema dieses Buches mit Dir finden. Du sollst verstehen, weshalb die späteren Inhalte dieses Ratgebers – in Wirklichkeit das Coachen von Muskeln - so außerordentlich wichtig für deine gesunde Fitness-Journey sind. Bei der Beantwortung dieser Frage können wir sehr pragmatisch vorgehen – so wie in dem restlichen Trainings-System, dass Du später kennenlernen wirst. Hierfür sollten wir klären, welche Eigenschaften einen Muskel, respektive die gesamte Skelettmuskulatur des Menschen, leistungsfähig macht – sowohl in gesundheitlichen und alltäglichen Belangen als auch bis hin in den Hochleistungssport.

Das neuro-muskuläre System des Menschen braucht in Wirklichkeit drei Eigenschaften bzw. Fähigkeiten, die möglichst gut ausgeprägt sein sollten, um leistungsfähig zu sein. Umso besser deine Muskeln und die zugehörige Neurologie in diesen Bereichen ist, umso mehr gesunde Leistung wirst Du aus deinem Bewegungsapparat rausholen können.

- Muskellänge / Flexibilität: Nur ein Muskel, der sich entspannen und Länge geben kann, kann auch stark und voll kontrahieren. Er hat damit mehr Möglichkeit an Kontraktionsspielraum als ein Muskel der chronisch verkürzt und inflexibel ist.
- Muskelquerschnittsdicke: Die Dicke des Muskelbauches ist ebenfalls maßgeblich für die Kraftentwicklung, die ein Muskel durchführen kann. Je „dicker" ein Muskel ist, umso mehr maximale Leistung kann er auch bringen. Daher ist auch eine gewisse Muskelmasse für die Leistungsfähigkeit deines Muskels relevant.
- Neurologische Ansteuerung der Muskulatur: Der stärkste und flexibelste / physiologisch trainierteste Muskel, mit viel Muskelmasse, arbeitet in der Praxis ineffektiv, wenn er neurologisch nicht gut angesteuert werden kann. Daher ist muskuläres Lernen / Training im Idealfall mit neurologischem Lernen / Training verbunden.

Wie Du siehst, geht es bei einem guten Fitness-Training immer sowohl um die Erzeugung reiner Kraft- oder Ausdaueraspekte der Muskulatur, aber auch um eine Form des koordinativen Trainings, welches sich mehr auf die motorische Neurologie und ihre Geschicklichkeit auswirkt. Genau dies bringst Du, Muskeln und Nervensystem, über einen Coaching-Prozess, der etwas anderen Art, bei. Alle Anlagen für dieses Training hat ein gesunder Mensch naturgemäß und er muss eigentlich nichts völlig Neues lernen, sondern viel mehr an gewisse Bewegungsmuster und Eigenschaften des Körpers erinnert werden. Hierbei macht er schneller Fortschritte und erzielt nachhaltigere Erfolge, wenn er bzw. sein neuro-muskuläres System durch einen guten Trainer oder ein schlaues Trainings-Konzept gecoacht / geleitet / betreut wird, so wie es in diesem Ratgeber skizziert ist.

Der ganzheitlich-pragmatische Ansatz des M:Cs

Die Ursprünge des muscle:coachings, welches als Trainings-Konzept eben die Basis der Workout-Quickies bildet, sind vielseitig und haben trainingswissenschaftliche und gesundheitswissenschaftliche, ganzheitliche Hintergründe.

Diese Hintergründe, welche auf den pragmatisch-essenziellen Kern, aus all den verschiedenen zugrundeliegenden konzeptionellen Ansätzen, reduziert sind, möchte ich Dir im Zuge dieses Kapitels darstellen.

Es geht auf den nächsten Seiten darum, dass Du grundlegend verstehst, um was es in den Workout-Quickies, oder allgemeiner in gesunden Trainings-Konzepten, idealerweise wirklich geht – was die Grundgedanken hinter eine wirklich guten Fitness-Journey sind.

Die Eckpfeiler der körperlichen Fitness

In Wirklichkeit, bei aller modernen Raffinesse und Differenziertheit an verschiedenen Trainings-Methoden, wie sie heute am Fitness-Markt angeboten werden, benötigst Du für ein gutes, ganzheitliches, aber individuelles Trainings-Konzept, nur wenige Faktoren, welche ich Dir in der unteren Grafik darstelle und anschließend erläutere.

(relevante Teilbereiche der ganzheitlichen Fitness)

Abseits des nicht zu unterschätzenden Fitness-Faktors des Schlafes - dieser sollte individuell und je nach physischen Aktivitätslevel der Person, zwischen 6 – 8 Stunden betragen und bei den meisten Menschen (je nach persönlichen Biorhythmus) deutlich vor Mitternacht beginnen – sind eben folgende Teilbereiche, in deiner Lebensführung, für deine Fitness relevant.

Haltungs-Training / Schmerzfrei-Training

Solltest Du derzeit ein Leidgeplagter sein, der unter Spannungen des Bewegungsapparates leidet, so startet in einem schlauen Trainings-Konzept wie den Workout-Quickies, bereits hier deine Fitness-Journey. Ein wirklich gute und ganzheitliche Trainings-Methodik, kann Dich bereits in einen optimierenden Trainings-Prozess einsteigen lassen, wo andere Methoden noch keine Option für Dich sind. Wählst Du die späteren Übungen dieses Ratgebers in einer niedrigen Trainings-Intensität, ohne Ausbelastung der Muskulatur, so können sie Dir helfen, deine Haltung zu verbessern, dein Muskel-Faszien-System zu lockern und zu balancieren. Hier ist die Grundlage der sportkinesiologische Ansatz, den ich Dir später in diesem Buch noch erläutern werde. Unter diesem Gesichtspunkt dienen die Übungen, mehr als einfaches neuro-muskuläres Mobilitäts-Training, denn als Kraft- oder Fitness-Training.

Gehen wir von der Annahme aus, dass Du genug schläfst, so ist der wohl nächstwichtigste Faktor für deine Fitness, abseits der annähernden Spannungs- und Schmerzfreiheit deines Bewegungsapparates durch eine funktionelle Körperhaltung, deine Ernährung. Unter funktioneller Ernährung ist jedoch keine akribische und ausgeklügelte Diät zu verstehen, so wie sie heutzutage auf verschiedenste Arten angepriesen werden – sie muss viel mehr, jederzeit für Dich gut funktionieren. Deine Ernährung ist für deine Fitness-Ziele zwar sehr wichtig, aber auch kein Wundermittel, das andere Teilbereiche, wie zu wenig Bewegung und kein Krafttraining, völlig ausgleicht. Es geht darum, deine Ernährung an dein körperliches und geistiges Aktivitätslevel anzupassen und dabei im Bereich von individuell ausgewogenen Ernährungsgewohnheiten zu bleiben, die zu deiner Grundkonstitution und deinem aktuellen Körperbautyp passen. Unter dem Begriff der ausgewogenen Ernährungsgewohnheiten kannst Du die Einnahme von Großteils gesunder, hochwertiger Nahrung verstehen. Fastfood sollte eine Minderheit in deiner Ernährung darstellen, Zucker sollte nicht in rauen Mengen genossen werden und fettarme Kost ist natürlich auch besser als eine sehr fettreiche Ernährung (wenn Fette, dann in Form von ungesättigten Fettsäuren). All dies gilt unter der Berücksichtigung zweier Faktoren:

1. Die adäquate Menge der Energiezufuhr (Kalorien) hat die oberste Priorität. Sie sollte ungefähr an dein physisches Aktivitätslevel und dein aktuelles Körpergewicht, Körpergröße, Alter und Geschlecht angepasst sein. Möchtest Du Körpergewicht abnehmen, so ernährst Du dich knapp unter deinem täglichen Erhaltungsenergiebedarf – also der Energiemenge, die Du benötigst, um den Ist-Stand deines Körpergewichtes / deiner Konstitution zu erhalten. Diese bewusste Unterernährung wird auch Kaloriendefizit genannt. Möchtest Du Körpergewicht zulegen – vorzugsweise Muskelmasse – so ernährst Du dich knapp über deinem Erhaltungsenergiebedarf und betreibst zusätzlich Muskelaufbau-Training.

2. Die Nahrungsmittel, die Du zu dir nimmst, sollten deinen individuellen Stoffwechsel unterstützen – ihn einerseits nähren und Dich physisch und psychisch ausgeglichen machen, ihn andererseits anfeuern. Hier ist dein persönlicher Stoffwechseltyp bzw. dein Körperbautyp relevant.

Es gibt 3 grundsätzliche Stoffwechseltypen (Beta-Typ, Glyko-Typ, ausbalancierter Typ), welche in der Regel mit einem gewissen Körperbautyp korrelieren. Die Körperbautypen, an denen sich das muscle:coaching orientiert, bringe ich Dir in einem Unterkapitel der „Funktionellen Anatomie des M:Cs" näher und erläutere Dir später in diesem Ratgeber, wie deine funktionelle Ernährung nach diesen Gesichtspunkten aussehen kann. Jeder Körperbautyp / Stoffwechseltyp verträgt eine unterschiedliche Form von Ernährung besser – hier können wir in der groben Zusammensetzung der Makronährstoffe (Kohlehydrate, Proteine, Fette) aber auch zwischen tendenziell tierischem oder pflanzlichen Nahrungsursprung unterscheiden.

Deinen ungefähren und grundsätzlichen / naturgegebenen / genetischen Körperbautyp kannst Du sehr gut aufgrund deiner Charaktereigenschaften / charakterlichen Habitus und deinem bevorzugten Aktivitätslevel, zusätzlich zu ein paar körperlichen Merkmalen eingrenzen, gleich wie deine Körperform aktuell aussieht. Bei deinem aktuellen Körperbautyp können wir dann Großteils von einem Verhaltens-Körperbautyp sprechen. Dieser setzt sich eben aus deinem genetisch gegebenen Grund-Körperbautyp und dem darauf aufsetzenden Verhaltens-Körperbautyp, der wie sein Name schon erahnen lässt, durch dein kontinuierliches Verhalten entstanden ist, zusammen.

Detaillierte, aber einfach anwendbare Praxis-Tipps, wie Du mit Hilfe deiner Ernährung, deinen Körper leistungsfähiger und fitter bekommst und Du auch deinen aktuellen Körperbautyp verändern kannst, erfährst Du eben im späteren Kapitel „funktionelle Ernährungsideen".

Irgendeine Form funktionellen Krafttrainings ist essenziell für jeden sportlichen Lebensstil – gleich ob Du Ausdauerssportler, Spielsportler, Kraftsportler per se bist, oder einfach nur einen gesundheitsbewussten Lebensstil ohne sportliche Spezialisierung führen möchtest.

Dabei ist es jedoch nicht zwingend nötig, mehrmals die Woche in ein Fitness-Studio zu pilgern und schwere Gewichte zu heben, oder an technisch ausgefeilten Geräten zu trainieren. Pragmatismus und Schläue, genauso wie zeitliche Effizienz und Kosten-Nutzen-Relation können bei diesem Bereich deines Fitness-Lebens an oberster Stelle stehen.

Genau dies veranschaulicht das vorliegende Buch und auch der erste Teil der Ratgeber-Serie „Workout-Quickies". Es braucht nicht viel Zeit, keine teuren Trainingsgeräte, keinen eigenen Trainingsort, etc. um ein gutes funktionelles Kraft-Training durchzuführen. Einzig wichtig ist das fundierte Hintergrundwissen von Dir selbst oder einem Trainer, der Dich coacht, sodass deine Workouts für überall und jederzeit, funktionell und trainingswirksam gestaltet sind. Zusätzlich benötigt es deine Konsequenz, das Training mehrmals wöchentlich und regelmäßig, durchzuführen. Funktionelles Kraft-Training sollte einfach ein fixer, unaufwändiger Teil deines Lebens sein, auch wenn Du zum Beispiel Ausdauersportler, wie ein Läufer oder Radfahrer, bist. Dabei reichen oft schon 10 Minuten mit vollem Fokus, aber täglich aus, die Du beispielsweise zwischen zwei Tätigkeiten hast. Sogar während alltäglichen und unaufwändigen Tätigkeiten ist ein gewisses isometrisches Basis-Training möglich.

Adäquate Bewegung (Schritte)

Gegensätzlich zu diversen, modernen Fitness-Trends, bin ich mit dem muscle:coaching-Konzept der Ansicht, dass „Cardio-Training" für einen athletischen und grundlegend fitten Körper relevant ist. Denn diese Form des Trainings ist für ein gesundes Herz-Kreislauf-System unerlässlich.

Dabei müssen wir aber nicht täglich eine Stunde joggen gehen. Es geht vielmehr darum, mehrmals die Woche den Kreislauf über Bewegung auf den Beinen so weit zu aktivieren, dass Du wirklich ins Schwitzen kommst und dein Herz-Kreislauf-System eben richtig gefordert wird. Dies kann klassisches Cardio-Training, aber auch eine Spielsportart sein, bei der Du läufst. Je nachdem, was Dir am meisten Spaß macht und welche Art der Aktivität zu deinen individuellen physischen Möglichkeiten passt.

Folgende, tägliche Mindest-Schrittanzahl ist für verschiedene Fitnessziele ratsam – mehrmals (3 – 4mal) pro Woche eben in Form von schweißtreibendem Sport, sonst gerne in Form von täglichen trivialen Fußwegen.

Fitnessziel	Schritte	Fußwegdauer
Muskelaufbau	6000 - 8000	60 – 80 Minuten
Gewichtsreduktion	8000 - 10000	80 – 100 Minuten
Athletik-Erhaltung	6000 - 10000	60 – 100 Minuten

Ich werde Dir im späteren, praktischen Teil dieses Ratgebers ein paar kreative Ideen präsentieren, wie Du die alltäglichen Fußwege und damit deinen Kalorienverbrauch ankurbeln / erhöhen kannst, auch wenn Du eigentlich keine Zeit für ein klassisches schweißtreibendes Training, mehrmals die Woche, hast. So kannst Du über Fußwege sogar deine Ausdauer-Trainings ersetzen.

Der Rahmen eines guten Trainings-Konzeptes

Für ein gutes Trainings-Konzept, mit dem Du die praktischen Punkte des vorigen Kapitels voll in dein Leben integrieren kannst, gibt es einfache Rahmenbedingungen, welche Du eben für dein Ziel der herausragenden Fitness berücksichtigen solltest. Diese werde ich Dir in den folgenden Unterkapiteln darstellen.

Kontinuität für nachhaltige Trainingserfolge

Oft, gerade in moderner Sichtweise, sind wir so ziel- und ergebnisorientiert, dass wir vergessen, den Weg zu unserem Ziel in unsere zentrale Aufmerksamkeit zu rücken, um dieses auch bestmöglich zu erreichen und die gewonnenen Ergebnisse auch nicht wieder zu verlieren. So beschreibt z.B. das allgemeine Gesundheitskonzept der Salutogenese die Begriffe Gesundheit und Krankheit nicht als Zustände, sondern als Prozesse die kontinuierlich, lebenslang verfolgt werden (Gesundheit in positiver Richtung), um sie zu erreichen. Diese Sichtweise ist auch für deine Fitness und Athletik sehr dienlich, wie ich Dir später darstellen werde. Das Gesundheits-Krankheits-Kontinuum der Salutogenese besagt genauer, dass Du dich im jetzigen Moment auf einem Ist-Status befindest, was deinen körperlichen und geistigen Gesundheitszustand betrifft. Jede Aktion, jeder Tag den Du ungesund, bewegungsarm und mental negativ ausgerichtet, mit negativem Stress verbringst, schmälert hart betrachtet deine Gesundheit – Du gehst damit im Gesundheits-Krankheits-Kontinuum in die schlechte Richtung der

Krankheit. Verbringst Du deinen Tag bewegt, ernährst Dich ausgewogen gesund und achtest auf deine mentale Hygiene, so bewegst Du dich im Lebensprozess in Richtung Gesundheit. Wie Du erkennen kannst, ist es Großteils, dein kontinuierliches Verhalten, dass deinen Lebens- und Gesundheitszustand bestimmt.

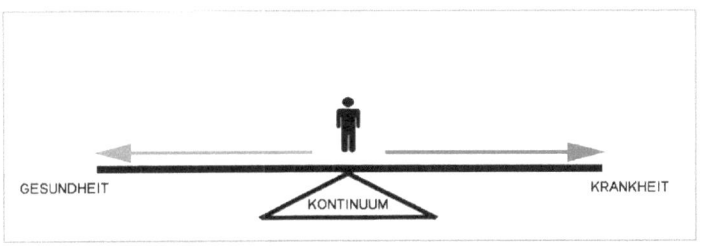

(Gesundheits-Krankheits-Kontinuum der Salutogenese)

Diese realistische Sichtweise auf das Leben, können wir noch konkreter in den Bereich unserer Fitness transformieren – nennen wir es das „Fitness-Kontinuum", mit dessen Hilfe Du deinen Fitness-Zustand, als Teil deines Gesundheits-Zustandes, optimieren kannst. Auch hier ist es deine tägliche Wahl, ob Du einen fitten, sportlichen Lebenswandel führen möchtest, indem Du zumindest ein kleines Workout in deine tägliche Routine einbaust, dich zusätzlich eben ausgewogen gesund ernährst und auch auf deine Regeneration (Schlaf, mentale Hygiene, usw.) achtest. Tust Du dies, so wirst Du im Lebensprozess immer fitter, gesünder und athletischer werden – in deinem individuell möglichen Ausmaß (siehe

Körperbautyp) und unter altersgemäßen Berücksichtigungen.

(Fitness-Kontinuum)

Zusätzlich, gerade durch das Trainings-Konzept des muscle:coachings, welches wie gesagt den Workout-Quickies zugrunde liegt, befeuert dein Trainingsfortschritt deine Trainingserfolge, wenn Du die Workouts kontinuierlich in dein Leben integrierst. Mit anderen Worten ist dein Trainingsfortschritt, durch das vorliegende Trainings-Konzept, kein linearer Prozess, bei dem Du konstant gleich schnell fitter wirst. Deine optimierende Entwicklung, was deine Fitness und körperliche Gesundheit betreffen, ist gerade am Start deiner Fitness-Journey vielmehr ein potenzierter Prozess. Denn, als Eigenheit des muscle:coaching-Trainings-Konzepts ist die progressive Überlast zur Trainingslaststeigerung in die isometrischen und teilisometrischen Übungen des vorliegenden Trainings-

Konzepts integriert. Mit anderen Worten: Umso mehr Kraft und Masse deine Muskulatur besitzt, umso stärker kannst Du die Übungen dieses Ratgebers ausführen und umso besser wirken diese Übungen / umso stärker ist der Trainingseffekt. Dies ist eine besondere Eigenschaft der Übungen des muscle:coachings, da Du bei ihnen deine eigene Muskelkraft als Trainingswiderstand nutzt, den Du überwinden möchtest. Genaueres erfährst Du später in diesem Buch.

Ähnlich ist es im Bereich der angepassten Ernährung an deinen fitten Lebenswandel: Umso mehr Muskulatur Du besitzt, umso besser wird die Nahrung verwertet, welche Du zuführst – Du kannst daher mehr und genussvoller essen und gleichzeitig die Körperfett-Muskel-Relation deines Körpers verbessern. Denn mehr Muskulatur verwertet mehr Nahrung und Körperfett bzw. scheidet auch schneller Schadstoffe aus deinem Körper wieder aus.

Schlussendlich und zentral: Umso mehr Erfolge Du durch deine kontinuierliche Arbeit mit den Workout-Quickies, der funktionellen Ernährung und deiner angepassten Bewegung siehst, umso mehr Freude wirst Du an deinem fitten Lebensstil, haben – so ist die kontinuierliche Integration eines dauerhaften, gesunden Lebensstils am leichtesten möglich, da Freude die wohl stärkste Triebfeder für die Verfolgung eines kontinuierlichen Weges (deiner Fitness-Journey) ist. All dies passiert im Idealfall in einer unaufwändigen, aber effektiven Art und Weise.

In der modernen Fitness- und Gesundheits-Trainings-Kultur hörst Du immer wieder:

Mach dies und das nicht!

Iss' dies und das nicht!

„Es gibt nur einen strikten Weg sich gesünder und fitter zu verhalten und der heißt Verzicht!"

Genau diese, in Wirklichkeit falsche Sichtweise, ist der Grund, weshalb so viele Menschen mit ihrer Fitness-Journey nach kurzer Zeit scheitern. Sie halten ihre Vorhaben nicht lange durch, da ihre Maßnahmen zu ihren Zielen falsch bzw. stark restriktiv gesetzt sind.

Natürlich kann man diesen konfrontierenden Ansatz wählen und alle Gewohnheiten aus dem eigenen Leben verbannen, die irgendwie ungesund scheinen, bzw. deine Fitness-Journey bremsen. Nur ist das wie gesagt der harte Weg, den viele nicht lange durchhalten. Sogar wenn man diesen Weg willensstark durchhält und sich regelrecht abmartert, sind die erreichten Ergebnisse oft nicht nachhaltig, da man die stark restriktiven Maßnahmen nicht auf Dauer in seinen Lebensstil integrieren kann.

Viel schlauer ist es daher einen kooperativen Ansatz zu wählen, minimale Veränderungen und minimales Streichen von kontraproduktiven Angewohnheiten, in Bezug auf deine

Fitness-Journey, durchzuführen und viel mehr kurze, knackige und unaufwändige Zusatzmaßnahmen in deinen Alltag hinzuzufügen, mit denen Du deinen Fitness-Prozess auf nachhaltige Weise konstant und auf Dauer positiv antreibst. Dies kann man auch mit Leichtigkeit und Freude in das dauerhafte Leben integrieren. Genau solche Maßnahmen sind in den Workout-Quickies konzipiert. Die Umstellungen deines trainierenden Lebensstils mit Hilfe dieses Ratgebers sollen so minimal sein, dass Du sie im Alltag praktisch nicht bemerkst, abseits ihres starken Effektes auf deine Fitness, der sich mit der Zeit einstellen wird. Durch diese sichtbaren Erfolge wirst Du viel Spaß und Freude an deiner neuen Art des Fitness-Trainings haben, sodass Du eben immer mehr trainieren willst und fitter werden kannst. So funktioniert ein gesunder, freudiger und nachhaltiger Lebensstil.

Ein grundsätzlich gesunder Lebensstil, unter Berücksichtigung der oben dargestellten nötigen Rahmenbedingungen, ist einfach immer möglich, gleich wie voll dein Alltag aussieht – zumindest, wenn Du nach dem schlauen, kooperativen Ansatz agierst.

Widerstand als Trainingsreiz

Ich habe eine Frage an Dich: Was haben alle Fitness-Geräte, gleich wie technisch ausgefeilt sie sind, gemeinsam?

Genauer ausgedrückt: Was sind Gewichte wie Kettlebells, Langhanteln, Gewichte an stationären Fitness-Geräten, welche Du auf deine Bedürfnisse einstellen kannst, usw. in Wirklichkeit?

Die Antwort ist WIDERSTAND – Alle, wirklich alle Trainingsgeräte, gleich aus welchem Trainingssystem sie kommen und wie sie aussehen, sind Widerstände welche Du mit Hilfe deiner arbeitenden / trainierenden Muskulatur überwinden möchtest.

Dieser Widerstand kann auch nur die Schwerkraft, wie bei Bodyweight-Übungen, sein. Sogar dein eigener Körper und die Eigenanspannung der Muskulatur, wie bei den functional Isometrics des muscle:coachings ist ein guter Widerstand für ein effektives Fitness-Training. Dies habe ich im Band Nr. 1 der Workout-Quickies bereits beschrieben und werde ich hier mit noch detaillierteren Workouts ausführen.

In diesem Teil 2 der Workout-Quickies stelle ich Dir teilisometrische Trainings mit Hilfe einer kurzen Mini-Sling als Widerstand vor – auch dieses einfache, kostengünstige Mittel ist als Trainingsgerät völlig ausreichend - wenn Du weißt, wie Du mit ihr richtig arbeitest. Für eine solche kleine Schlaufe kannst Du eine stabile Schnur / ein Seil, einen weichen Gürtel, ja sogar eine Krawatte oder einen Schal nutzen. Die Möglichkeiten sind sehr vielfältig.

(Surfer-Wristlet als Mini-Sling)

Die Mini-Sling, die ich auch in den späteren Abbildungen der Workouts nutze, kannst Du zum Beispiel sehr gut als Sport-Armband / Surfer-Wristlet am Handgelenk, stets bei Dir tragen. Es besteht aus einer ca. 50 cm langen Paracord-Schnur und ist in weniger als 5 Minuten selbst hergestellt.

(Surfer-Wristlet am Handgelenk)

Ganzheitlich-funktionelle Anatomie

Der Körper und im speziellen der Bewegungsapparat funktioniert einfach nur als Ganzes wirklich gut – Du kannst keinen einzelnen Körperteil bewegen, ohne, dass sich die muskulären Spannungen im Rest deines Körpers verändern. Daher ist es auch schlichtweg unlogisch, unser muskuläres System auf einzelne Muskeln beschränkt zu betrachten und auch zu trainieren – gerade, wenn es um den Bereich des funktionellen Fitness- und Gesundheits-Trainings mit starken Haltungsaspekten geht. Die Ansicht, einzelne Muskeln isoliert, in fix verbauten und uns führenden Geräten zu trainieren ist, funktionell gesehen, realitätsfremd und überholt. Vielmehr sollte ein gutes Trainings-Konzept in Muskelketten (im muscle:coaching die Muskel-Meridiane der traditionellen chinesischen Medizin) denken und auf deren Basis, Übungen gestalten. Dabei sollten die Übungen nicht nur einzelne Muskelketten ansprechen, sondern auch das Zusammenspiel zwischen den Ketten und den verschiedenen groben Körperarealen (diese erläutere ich Dir später) fördern. Auch eine gleiche Trainingsbelastung von linker und rechter Körperhälfte ist besonders wichtig für ein gutes funktionelles Training, da es eine gute, ausbalancierte Körperhaltung fördert. Nur so kannst Du deinen ganzen Körper, mit allen Teilbereichen in Relation zueinander, fit und gesund bekommen, bzw. erhalten.

Angepasste funktionelle Ernährung

Ja, das Leben ist Bewegung und ohne dieser Bewegung bzw. der regelmäßigen und kontinuierlichen Arbeit deiner Muskeln, wirst Du nicht fit werden – jede Trainings-Methode, die Dir etwas anderes verspricht, ist meines Erachtens unseriös, oder wenig nachhaltig.

Aber auch der Spruch: „Du bist, was Du ist!" hat in diesem Kontext seine Berechtigung. Ein fundamentales Konzept für eine angepasste funktionelle Ernährung gehört zu jedem effektiven Trainings-Konzept dazu – Ernährung und Training / Bewegung sind zwei Seiten der gleichen Medaille. Denn nur, wenn deine Ernährung sowohl an dein physisches Aktivitätslevel als auch ungefähr an deinen individuellen Stoffwechsel angepasst ist, wirst Du wirklich sichtbare und fühlbare Fortschritte in deiner Fitness-Journey erzielen können.

Dabei musst Du hier nicht akribisch und ernährungswissenschaftlich genau vorgehen, so wie ich es Dir später auch in diesem Ratgeber darstellen werde. Das Leben und dein Training sind selten 100 % „On-Point" – so muss es auch nicht deine Ernährung sein. Auch an dieser Stelle geht es darum eine Lösung zu finden, wie Du mit Spaß und Freude, kontinuierlich eine, Großteils gesunde und funktionelle Ernährungsform, auf Dauer einhalten kannst.

Förderung der Muscle-Mind-Connection

Ein, in vielen Trainings-Konzepten, unterschätzter Faktor für den Fortschritt in deiner Fitness-Journey und im speziellen für deinen Muskelaufbau, oder allgemeiner der nachhaltigen Leistungssteigerung deines Bewegungsapparates, ist die Muscle-Mind-Connection während der Ausführung von Workout-Übungen. Das Konzept der Muscle-Mind-Connection besagt, dass der Muskel erst dann so richtig zu wachsen und sich in seiner Leistungsfähigkeit zu verbessern beginnt, wenn er im Workout, während der Trainingsbewegungen, im Mittelpunkt deiner

Aufmerksamkeit steht. Pragmatisch und zugegeben etwas philosophisch kann ich Dir diese Tatsache so erklären: Überall wo Du in deinem Leben die volle Aufmerksamkeit hineinlegst, dort besteht das größte Potential für Fortschritt und Veränderung. Dies gilt auch für deine Muskeln.

Für ein gutes, funktionelles Grundlagen-Trainings-Konzept ist es daher wichtig, dass die geforderten Bewegungsmuster in den Trainings-Übungen nicht zu komplex sind, sodass der Fokus z.B. nicht auf einem Sportziel, wie bei technischen Spielsportarten liegt, wenn Du einen maximalen Output an Fitness für deinen Bewegungsapparat erzielen möchtest. Denn nur wenn die Workouts und deren Übungen einfach sind, kannst Du dich vollkommen auf die arbeitende Muskulatur konzentrieren. Die functional Isometrics und ranged functional Isometrics der Workout-Quickies gehen hier noch einen Schritt weiter: Ohne Fokus auf die Muskulatur funktionieren die geforderten Übungsausführungen gar nicht. Denn die benötigte, kontrollierte und willentliche Eigenanspannung der Muskulatur, die ein Kernelement der Übungsausführungen in dieser Trainingsart ist, aktiviert die Muscle-Mind-Connection von der Basis an. Klar herausgestrichen ist diese Eigenanspannung ohne Muscle-Mind-Connection gar nicht möglich.

Final geht es bei einem ganzheitlich-funktionellen Trainings-Konzept natürlich auch um das Training selbst. Hierbei spielen im heutigen Alltag schlaue Lösungen in Bezug auf Zeitaufwand, Kostenaufwand, Effektivität / Fortschritte durch das Training und zugegeben auch das Überwinden von Motivationsproblemen, große Rollen für den praktischen Erfolg eines Trainings-Konzeptes.

Die Workouts eines guten Konzepts sind variabel. Sie sollten, je nach Bedarf, gleichzeitig stundenfüllende Freizeitbeschäftigung, aber auch eben Workout-Quickies sein können, wenn praktisch keine Zeit für ein Training im Alltag vorhanden ist. Weiter sollten die Trainings mit minimaler Infrastruktur auskommen. So kannst Du mit ein wenig Konsequenz, kontinuierlich an deinen Fitness-Zielen arbeiten, gleich was dein Tag sonst noch für Dich parat hält.

Funktionelle Anatomie des M:Cs

Um die menschliche, funktionelle Anatomie grundlegend zu verstehen, ist es zuerst wichtig zu begreifen, warum der Mensch so gebaut ist, wie er es ist.

Grundsätzlich hat der Bewegungsapparat des Menschen – seine Knochen, Gelenke, Bänder, Muskeln und Faszien - die Aufgabe, ihn gegen die Erdanziehung aufzurichten und ihn zielgerichtet gegen diese zu bewegen. Hierbei kommen viele Eigenschaften und die Form unseres Körpers aus den archetypischen Notwendigkeiten, die wir bereits zu Urzeiten hatten. Im modernen Alltagsverhalten sind manche dieser physischen Eigenschaften unseres Körpers leider unvorteilhaft. Daher neigt der Bewegungsapparat häufig zu Überlastungen und funktionelle Ungleichgewichte, bis hin zu funktionellen Störungen können entstehen, wenn kein Ausgleichstraining betrieben wird.

Beispielsweise hat der Mensch, mit seinem aufrechten Gang auf zwei Beinen, einen hohen Körperschwerpunkt (auf Höhe des Bauchnabels, im Körperinneren knapp vor der Wirbelsäule) im Vergleich zu seiner gesamten Körpergröße. Er hat durch seinen zweibeinigen Gang aber auch ein recht hohes Blickfeld.

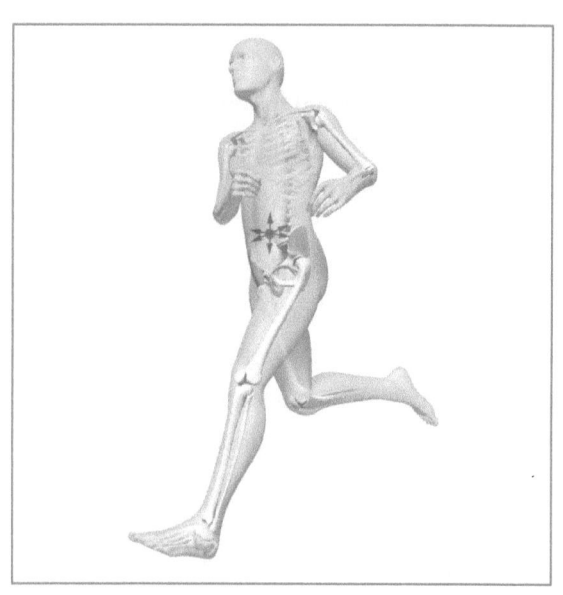

(Körperschwerpunkt des Menschen)

Aufgrund dieser zwei Faktoren – hohes Blickfeld und hoher Körperschwerpunkt - kann der Mensch recht frühzeitig Gefahren erblicken und sich sehr wendig, flexibel und spontan in alle Richtungen bewegen. Dies war zu Urzeiten besonders relevant, da der Mensch als Säugetier, im Vergleich zu seiner Beute und seinen Fressfeinden über sehr wenige körpereigene Waffen (Krallen, scharfe Zähne, starke Panzerungen / dicke Haut, usw.) verfügte. So musste er frühzeitig reagieren, flexibel und wendig, seiner Beute hinterher oder vor seinen Fressfeinden davon, laufen können. Dadurch ist der Mensch, im Vergleich zu Vierbeinern, in seinem Stand und Gang auch recht instabil,

[30]

was seine haltungsbildende, stabilisierende Muskulatur gerade bei statischen Körperhaltungen gerne überfordert. Diese Muskulatur hat die Aufgabe, den Körper im Gleichgewicht zu halten, was in Wirklichkeit so viel bedeutet, wie: Die Muskeln müssen den Körperschwerpunkt stabil zur Schwerkraftlinie halten.

Für den früheren Nutzen, mit viel variabler Bewegung, hatte der archetypische Mensch einen idealen Körperbau und eine ideale Haltung, eben möglichst deckend mit der Schwerkraftlinie, da dies den minimalen muskulären Aufwand für den Bewegungsapparat und die Neurologie bedeutet. So wird wenig Energie verbraucht und wenig Potential für muskuläre Überlastung geschaffen.

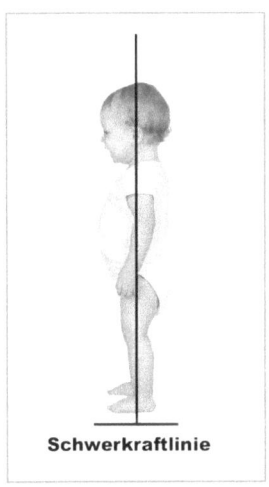

Schwerkraftlinie

(funktionelle Haltung zur Schwerkraft)

Heute haben diese funktionelle Haltung – wie am oberen Bild gezeigt – meistens nur mehr Kleinkinder, da sie die naturgemäße Haltung frisch erlernt haben. Mit dem älter werden und einhergehend mit dysfunktionalen, monotonen und bewegungsarmen Verhalten – hieraus entstehen muskulär dysfunktionale Fehlspannungen - verlernt der moderne Mensch diese Haltung mehr oder weniger.

Für dysfunktionales Verhalten können wir einige, im modernen Alltag häufig vorkommende, Beispiele im Detail aufzählen:

- überwiegend sitzende Tätigkeiten und dabei schlechte Körperhaltung
- starre Kopfhaltungen, mit Blick auf einen Bildschirm, ein Tablet, oder ein Smartphone
- allgemein monotone Arbeitstätigkeiten und zu wenig diversifizierte Bewegung im Alltag
- Seitigkeit bei Tätigkeiten mit Händen und Füßen (Linkshänder, Rechtshänder, Linksfüßer, Rechtsfüßer)
- geschlossene statische Körperhaltung, die sowohl der Neurologie als auch der Haltungsmuskulatur viel konstante Arbeit abverlangen

All dies und vieles mehr verändert häufig das grundsätzliche Erscheinungsbild des erwachsenen Bewegungsapparates: Wir haben oftmals Fußfehlstellungen, einseitig verkürzte

Beinmuskulatur, dadurch einen funktionellen Beckenschiefstand oder eine übermäßige Vorneigung des Beckens. Die verhaltensbedingte Beckenfehlstellung nach vorne hin, erzeugt eine übermäßige dysfunktionale Krümmung der Wirbelsäule, was sich bis hin zu einer starken Vorneigung des Kopfes (Geierhals / Turtle-Neck) auswirken kann. Bei einer Links-Rechts-Krümmung der Wirbelsäule (Skoliose) aufgrund eines funktionellen Beckenschiefstandes, der häufig aus einseitigen Fehlspannungen in den Beinen kommt, kann dies zu einem völlig schiefen Rumpf mit diversen, daraus entstehenden Funktionsstörungen des Bewegungsapparates, führen.

Dabei können wir diese oben dargestellten, häufigen Zustands-Szenarien unseres Bewegungsapparates, durch ein minimalistisches und unaufwändiges Training, bereits in Form einer einzigen Übung, meistens zu großen Teilen, beheben. Genau diese Übung ist zugleich die stabile Grundhaltung während aller späteren Workouts. Diese Körperhaltung kann sowohl im Sitzen als auch im Stehen eingenommen werden.

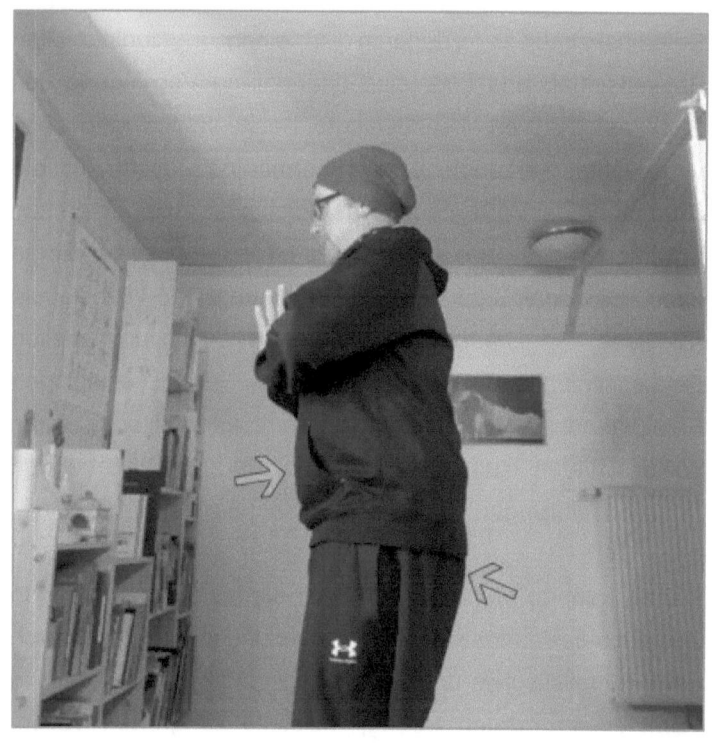

(Center-Point-Stabilisierung - funktionelle Grundhaltung im Stand)

Diese funktionelle Haltung dient als ideale Stabilisierung des Körperschwerpunktes (Center-Point-Stabilisierung) und sieht im Stehen wie folgt aus:

1. Nimm einen schulterbreiten Stand ein. Die Füße sind dabei parallel zueinander.

2. Gehe anschließend leicht in die Knie, sodass die Beine nicht nach hinten durchgestreckt sind.

3. Anschließend richtest Du das Becken auf, indem Du deine Bauchmuskulatur anspannst und das vordere Becken damit nach oben ziehst, so dass dein Schambein nach vorne kommt.

4. Diese Position des Beckens stabilisierst Du am besten, indem Du gleichzeitig, zur restlichen Haltung, die Gesäßmuskulatur anspannst – das Gesäß einziehst.

5. Wie Du bemerken wirst, wird durch diese Haltung dein unterer Rücken gerader – ein heutzutage häufiges Hohlkreuz wird reduziert.

6. Durch die geradere untere Wirbelsäule (Lendenwirbelsäule) ist es Dir nun möglich, deine gesamte Wirbelsäule aufzurichten. Ziehe dafür den Kopf nach hinten oben, sodass das Kinn zur Brust wandert – häufig entsteht so ein Doppelkinn. Dadurch ist deine Wirbelsäule und damit dein gesamter Rumpf neutral zur Schwerkraftlinie, vergleichbar mit dem Kleinkind, dass ich Dir auf einer früheren Abbildung dargestellt habe.

Du kannst diese Grundhaltung auch im Sitzen einnehmen, wobei die oberen Punkte 1 und 2 dann entfallen. Es ist gut möglich, dass diese funktionelle Haltung zu Beginn sehr anstrengend für Dich ist – dies deutet auf bereits vorhandene, verhaltensbedingte Ungleichgewichte in deiner Muskulatur hin. Trainiere in diesem Fall zuerst nur diese eine Übung: Halte sie zu Beginn nur 6 Sekunden aufrecht, lockere danach deine Muskeln aus und starte anschließend erneut in diese Haltung, wenn Du möchtest. Mit deinem Trainingsfortschritt bei dieser Übung, wirst Du auch die Grundhaltung länger mühelos aufrechterhalten können.

Sportkinesiologie 2.0 - Muskuläres Gleichgewicht & das Kegelsystem

Eine der trainingswissenschaftlichen Grundlagen des muscle:coachings ist die Sportkinesiologie. Dieses eher theoretische Konzept aus der angewandten Kinesiologie vereint die Sicht auf einen ausbalancierten, leistungsfähigen Bewegungsapparat und die Lehre der Bewegung (griech.: Kinesis).

Genauer ist die Sportkinesiologie der Meinung, dass ein Körper nur dann gut funktioniert, wenn er im neuromuskulären Bereich ein relatives, dynamisches Gleichgewicht, zwischen seinen verschiedenen Körperebenen hat.

Dies wird durch seitige Bewegungsmuster (z.B. Tätigkeiten als Links-Händer bzw. Rechts-Händer) erschwert. Durch monotone Bewegungsmuster kann es weiter sein, dass muskuläre Spannungen sich soweit dysfunktional entwickeln / so eingelernt werden, dass sie im ungleichen Ausmaß an unserem Skelett ziehen und dadurch Schiefstände des Bewegungsapparates entstehen. Dadurch wird unsere Arbeit gegen die Schwerkraft ineffizient und schwerer als nötig. Ein

Teufelskreis kann entstehen, da die erschwerte Arbeit, die Muskeln überlasten und weiter verkrampfen lassen kann. Hieraus entstehen funktionelle Störungen und funktionelle Schmerzen des Bewegungsapparates. Die unteren Grafiken sollen dies nochmals schematisch veranschaulichen:

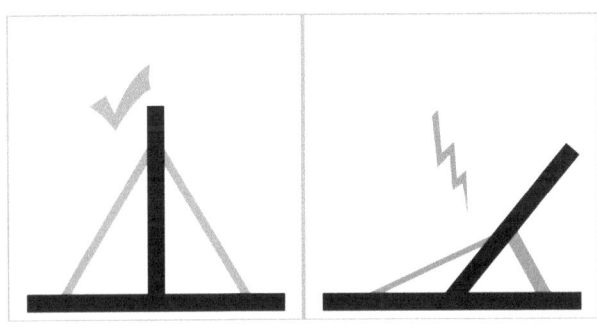

(muskuläre-funktionelles Gleichgewicht)

Dabei dürfen wir nicht, wie bei den beiden oberen, reduktionistischen Grafiken, davon ausgehen, dass jeder Muskel einzeln für sich, im Bewegungsapparat arbeitet – dies wäre das klassische und unrealistische Gegenspieler-Konzept, welches häufig in Biologie der schulischen Laufbahn unterrichtet wird. Funktionell und real gesehen arbeitet der Körper in Muskel-Ketten, welche ich Dir im späteren Kapitel „Muskel-Meridiane" genauer erläutere.

Durch diesen größeren Blickwinkel der Muskel-Ketten, auf den menschlichen Bewegungsapparat, können wir ganzheitliche Gleichgewichte zueinander anstreben. Diese Sicht aus der Sportkinesiologie besagt, dass ein

Gleichgewicht zwischen den Körperebenen nötig ist, um einen wahrlich leistungsfähigen Bewegungsapparat zu erschaffen.

Bei den Körperebenen unterscheiden wir allgemein zwischen:

- linker und rechter Körperhälfte (Sagittalebene)
- Körpervorderseite und Körperrückseite (Frontalebene)
- oberen Körper und unteren Körper (Transversalebene)

Wie es Dir die untere Grafik veranschaulicht, ist der zentrale Schnittpunkt aller teilenden Körperachsen, der Körperschwerpunkt auf Höhe des Bauchnabels im Körperinneren, knapp vor der Wirbelsäule.

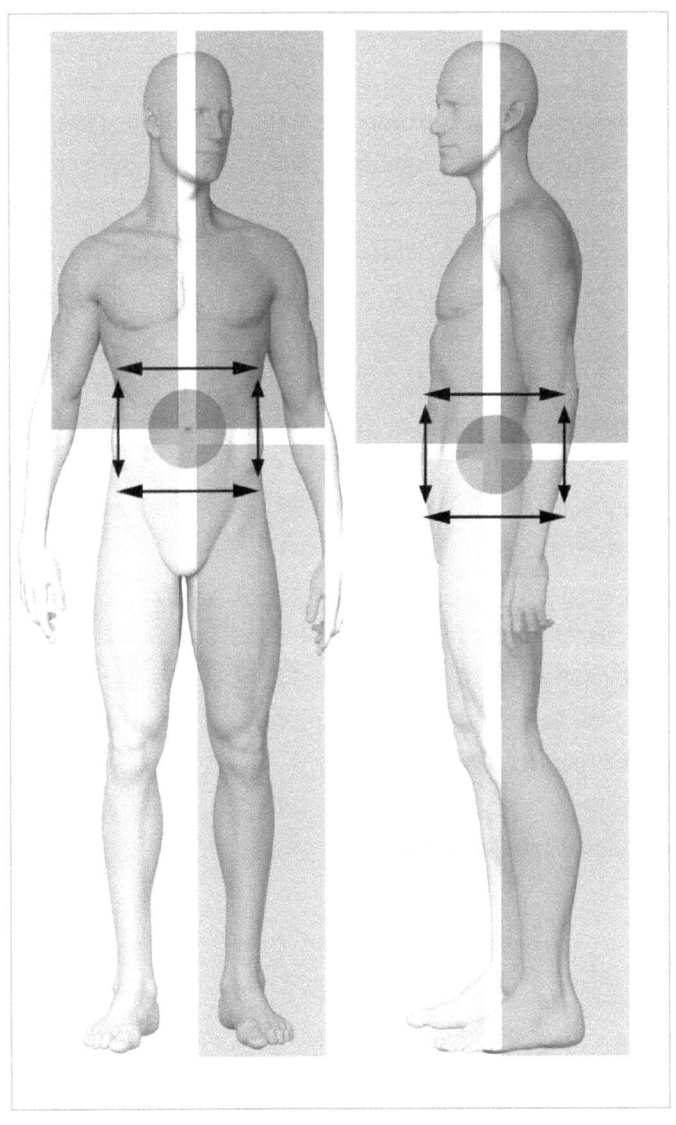

(Körperachsen und Segmente zum Körperschwerpunkt)

[39]

Auf Basis dieses sportkinesiologischen Ansatzes, dass eine Körperhälfte / ein Körpersegment zur Reduktion von Ungleichgewichten, während eines Trainingsprozesses, gegen sein gegensätzliches Segment arbeitet, tritt bei den späteren Workouts in der Regel die linke Körperhälfte gegen die rechte Körperhälfte an.

Dafür können wir den Körper in drei grobe funktionelle Teilbereiche einteilen, die sich mit den späteren Gliederungen der funktionellen Anatomie decken. Dies schlägt sich auch in der späteren Workout-Gliederung dieses Ratgebers nieder:

- oberer Körper (oberer Rumpf / Brust und Schulterblätter, Schultern, Arme, Nacken und Kopf)
- mittlerer Körper (der mittlere Rumpf um den Körperschwerpunkt)
- unterer Körper (Unterer Rumpf / Becken- und Gesäßbereich und Beine)

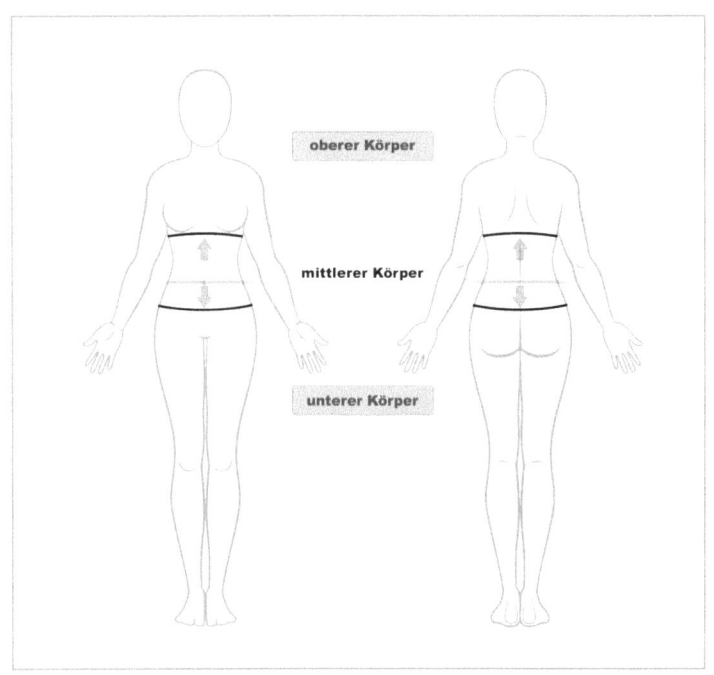

(3 Hauptkörperbereiche)

Wie die obere Grafik veranschaulicht, wird der mittlere Körper auf Höhe des Bauchnabels nochmals funktionell unterteilt – der Bereich unter dem Bauchnabel assistiert, durch seine Rumpfstabilität, primär dem unteren Körper und der Bereich über dem Bauchnabel betreut in erster Linie den oberen Körper.

Die Einteilung der drei Hauptkörperbereiche korreliert mit der funktionell-schematischen Sichtweise auf den menschlichen Bewegungsapparat in Form von drei auf dem Kopf stehenden Hauptkegeln – siehe untere Grafik.

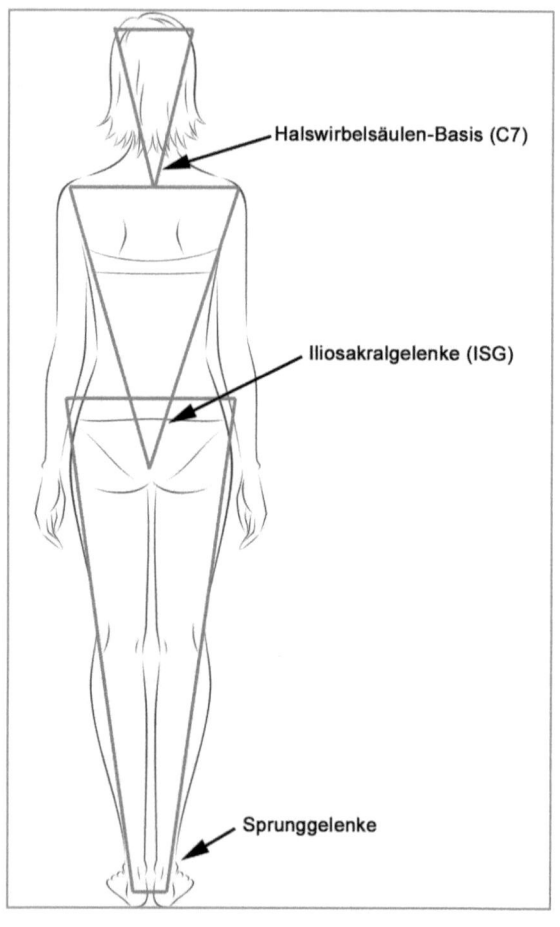

(funktionelles Kegel-System des Menschen)

[42]

Diese schematische Sicht spiegelt in erster Linie die knöcherne Struktur des Menschen wider. Auffällig, in Bezug auf muskuläre Ungleichgewichte, sind gerade für den Bereich der Funktionalität des Gesamtsystems, folgende Übergangs-Bereiche zwischen den Kegeln, die besonders gut gestärkt, aber auch mobilisiert werden sollten:

- Sprunggelenke: Diese tragen auf der kleinen Basis der Füße das gesamte Körpergewicht und müssen daher sehr große Lasten aushalten. Jegliche minimale Dysfunktionalität in diesem Bereich, kann dadurch starke Auswirkungen haben. Ungleichgewichte der Füße können, durch ihre fundamentgebende Funktion, auf den gesamten restlichen Körper wirken.
- Iliosakralgelenke (ISGs): Dies sind die gelenksartigen Verbindungen zwischen dem Becken und dem Kreuzbein als Basis der Wirbelsäule und wirken daher weiter auf den gesamten mittleren und oberen Körper. Auch hier kommen sehr starke Kräfte auf den Gelenksapparat und die stützende Muskulatur in diesem Bereich muss viel Arbeit – gerade bei häufigen monotonen Körperhaltungen – verrichten.
- Halswirbelbasis (C7, unterster Halswirbel): Der Bereich um den letzten Halswirbel stellt die Basis für den gesamten Nacken und den Kopf dar. Aufgrund der wirkenden Schwerkraft, des hohen Schädelgewichts und den vielen differenzierten, kleinen möglichen Bewegungsmustern in diesem Bereich, muss hier die

[43]

stützende Muskulatur Schwerstarbeit verrichten und überlastet daher im modernen Alltag gerne, sofern Monotonie in den Bewegungsmustern und in der Haltung vorherrscht.

Das Konzept des Kegel-Systems bzw. der drei Körperbereiche verbindet sich funktionell mit den zuvor erwähnten Muskel-Meridianen. Die am Kopf stehenden Kegel werden von diesen diversen funktionellen Muskel-Ketten bewegt und stabilisiert, vergleichbar mit den in den Körper integrierten Zugseilen, die mit Hilfe von muskulärer Anspannung und Entspannung die besagten Kegel gegen die Schwerkraft aufrichten bzw. zielgerichtet bewegen. Hierbei werden einzelne Längs-Körpersegmente durch konkrete Muskel-Meridiane betreut, wie ich es Dir auf der unteren Grafik grob dargestellt habe.

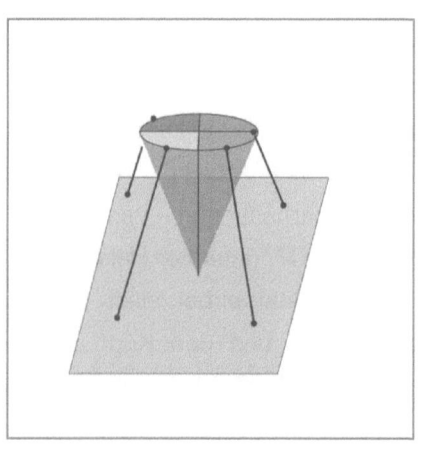

(funktionelle Körpersegmente im Kegel-System)

[44]

Die drei Kegel sind, gleich wie die drei Körperbereiche, abhängig aufeinander aufgebaut. Sie orientieren sich, eben im Sinne der Effektivität (minimaler Energieaufwand für neurologische und muskuläre Arbeit) an der Schwerkraftlinie und richten sich stets möglichst neutral an dieser aus. Besonders treffend wird diese Tatsache, wenn Du bereits fühlbare muskuläre Ungleichgewichte in den Kegelsegmenten hast. Wie Dir die nächste Grafik veranschaulicht, wird ein Kegel durch eine übermäßige muskuläre Spannung außerhalb des Gleichgewichts / der neutralen Schwerkraftlinie gezogen – dies geschieht oft durch einseitiges, monotones Verhalten – so verspannt sich der darauf aufbauende Kegel muskulär in die Gegenrichtung. Hierdurch wird ein suboptimales, aber möglichst gutes ganzheitliches Gleichgewicht zur Schwerkraftlinie geschaffen. Diese Darstellung einer realen, üblichen Situation ist natürlich sehr oberflächlich und nicht annähernd vollständig. Muskuläre Ungleichgewichte sind ursächlich, häufig sehr komplex, bestehen aber praktisch bei jedem Menschen. Da dieses Buch jedoch ein Trainingsbuch und kein sporttherapeutischer Ratgeber ist, werde ich an dieser Stelle nicht näher auf funktionelle Haltungs-Thematiken eingehen. Eines ist jedoch immer relevant und genau dies sollst Du aus meinen oberen, zugegeben abstrakten, theoretischen Ausführungen mitnehmen: Ein gutes, funktionelles Trainings-Konzept trainiert möglichst ganzheitlich und immer größere Bereiche des Bewegungsapparates zueinander.

Dabei ist der Körper grundsätzlich für gesunde Relationen ausgelegt. Er strebt diese an und wird sich natürlich bedingt, immer in ideale gleichgewichtsgebende Richtungen verändern, wenn Du ihm die Chance, in Form eines Trainings / Lernprozesses, dazu gibst. Wird deine funktionelle Haltung in jedem Workout automatisch mittrainiert, kannst Du grundlegend fit und leistungsfähig werden.

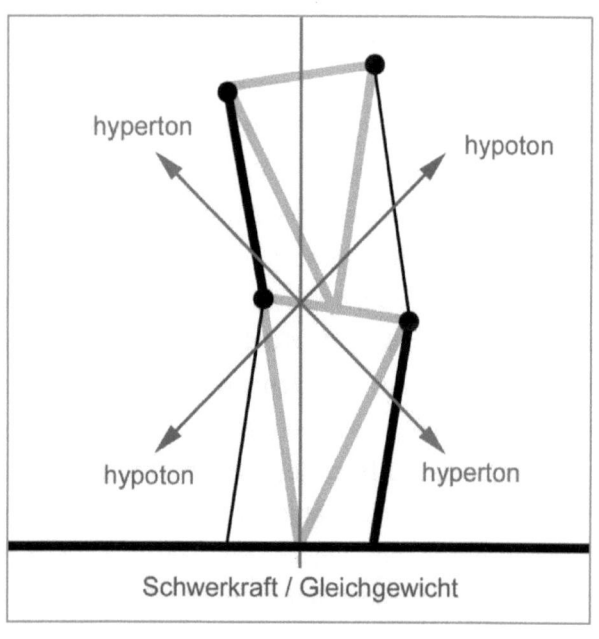

(Ausrichtung der Kegel anhand der Schwerkraftlinie)

Ein wenig detaillierter, jedoch noch immer sehr allgemein, will ich zu dem Thema des Kegel-Systems doch werden. Die zuvor dargestellten, drei Hauptkegel des Kegel-Systems sind noch weiter unterteilbar, bzw. über die Extremitäten der Arme erweiterbar. In Wirklichkeit ist jedes Glied des menschlichen Bewegungsapparates ein Kegel, der den zuvor beschriebenen natürlichen Gesetzen unterliegt. Dies soll Dir die untere Grafik detaillierter veranschaulichen.

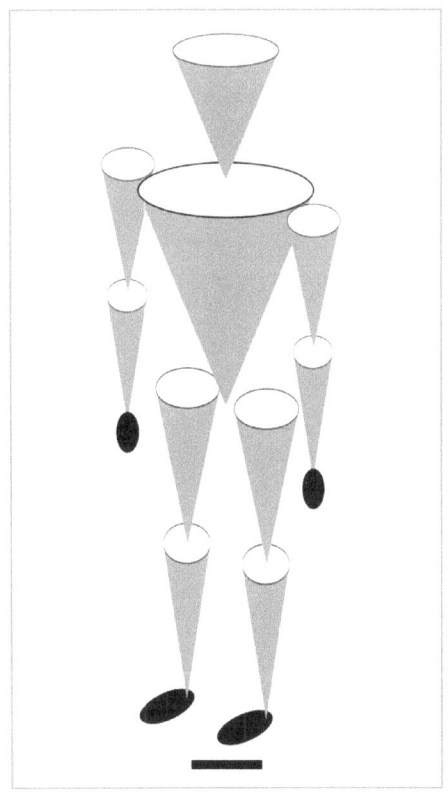

Relevant ist dies, im vorliegenden Kontext, für das Kapitel der „Muskel-Meridiane". Hier stelle ich Dir – um Dir die funktionelle Anatomie des menschlichen Körpers vereinfacht und plakativ näher bringen zu können – jeden Muskel-Meridian / jede Muskel-Kette nochmals in diesem genaueren Kegelschema dar. Dies soll Dir die Möglichkeit geben, zu studieren, wie Muskel-Ketten zueinander in Verbindung stehen und der Bewegungsapparat als Ganzes funktioniert. Die Abbildungen im späteren Kapitel der „Muskel-Meridiane" werden in Form der unteren, Grafik dargestellt sein.

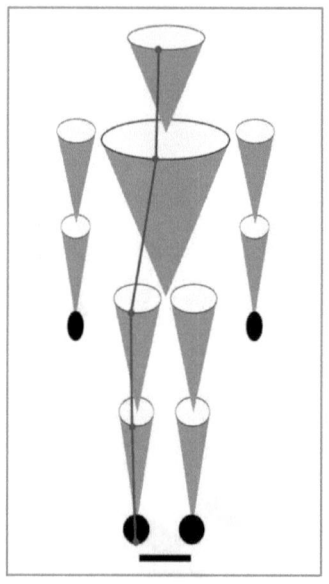

(Muskel-Meridiane im Detail-Kegelsystem)

[48]

Körperbautypen

Wie bereits im Kapitel „funktionelle Ernährung" erwähnt, gibt es drei grundsätzliche Körperbautypen – ektomorph, mesomorph und endomorph. Jeder Körperbautyp hat eine charakteristische Körperform, meistens auch einen gewissen charakterlichen Habitus, kombiniert mit einem gewissen grundlegenden Aktivitätslevel und wird weiter durch eine bestimmte Form der Ernährung im Bereich der Makronährstoffe (relevant für den individuell optimalen Stoffwechsel) besonders gut unterstützt. Dabei ist der Körperbautyp einer betrachteten Person von zwei Faktoren abhängig:

1. Genetik (beeinflusst hauptsächlich die Skelettstruktur bzw. ein paar physiologische Grundeigenschaften und ist geburtlich vorgegeben)
2. Essens- und Aktivitätsverhalten (beeinflusst das Weichgewebe des Körpers – Muskeln, Faszien, Körperfett – und viel der aktuellen Körperform)

Mit anderen Worten ist eine gewisse Grund-Körperform – wie diese Körperformen aussehen, beschreibe ich Dir in den folgenden Unterkapiteln - für jeden Menschen genetisch vorgegeben, welche er über sein Verhalten zu seiner individuellen, aktuellen Körperform, die sich in einem gewissen möglichen Rahmen befindet und die bedingt veränderbar ist, entwickelt. Um deine Grund-Körperform herauszufinden, ist es am einfachsten, deine knöcherne Struktur zu betrachten:

- Wie sind deine Schultern in Relation zu deinen Hüften gebaut?
- Sind deine Gelenke (z.B. Handgelenke und Sprunggelenke) eher massiv und stabil, oder zierlich gebaut?
- Hast Du eher kleine und schlanke Hände und Füße, oder sind diese groß und breit?

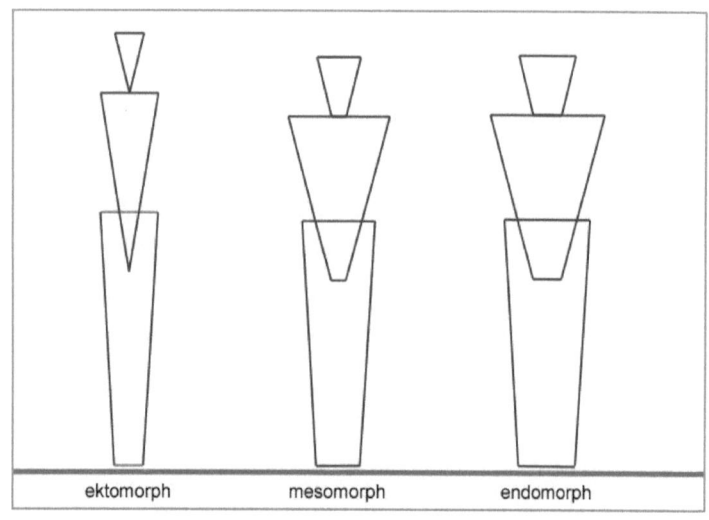

(Körperbautypen im Kegel-Schema)

Der resultierende Endtypus – also wie Du aktuell aussiehst – basiert auf deinem genetischen Grundtyp, kann sich jedoch eben durch dein kontinuierliches Verhalten optisch stark verändert haben. Sowohl im positiven als auch negativen Sinn, kannst Du deine aktuelle Konstitution über deine Ernährung und dein physisches Aktivitätslevel beeinflussen.

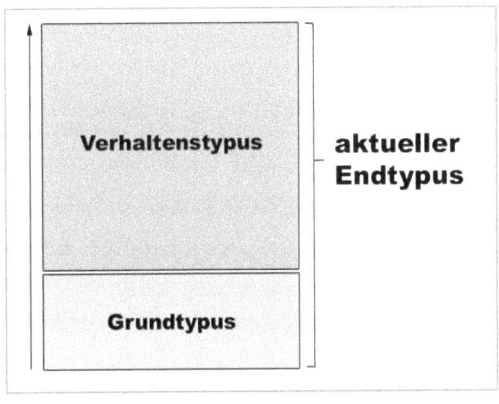

(Schema des aktuellen Endtypus)

Ektomorpher Typ

Wie Du bereits an der früheren schematischen Kegel-Grafik zu den Körperbautypen erkennen kannst, ist der ektomorphe Körpertypus sehr schlank bis hager gebaut. Meistens ist er, bei den Männern, sehr groß gewachsen, hat sehr lange und dünne Gliedmaßen. Frauen können auch sehr klein und zierlich gebaut sein – sowohl im Bereich der Hände und Füße, als auch der gesamte Körper. Die Gelenke dieses Typs, gleich ob Mann oder Frau, sind zart / dünn.

Vom Gewebe her, wirkt dieser Typ eher hart und knöchern – er tut sich schwer Muskelmasse aufzubauen, ist jedoch in fitter Konstitution sehr gut muskulär definiert. Ist er untrainiert und hat zu viel Körpergewicht, so zeigt sich dies meistens über ein Bäuchlein oder eine generell üppigere Körpermitte, bei sehr schmalen Schultern.

Charakterlich ist er sehr aktiv und umtriebig, mit wachem Geist und oft auch sehr konkurrenzorientiert. Ein klassischer, harter und adretter Geschäftsmann oder eine Geschäftsfrau, würde in diesen Typus, als beispielhaftes Bild, sehr gut passen.

Was die Ernährung betrifft, verträgt der ektomorphe Typ am besten kohlehydratreiche Ernährung, da sein Stoffwechsel ohnehin stark und schnell arbeitet. Dadurch können sich sogar schnelle Kohlehydrate, wie gewöhnlicher Einfachzucker nur sehr schwer in Körperfett umwandeln bzw. dort gespeichert werden. Schwer verdaulich hingegen, ist für ihn eine proteinreiche Ernährung, besonders wenn sie aus fettreichem Fleisch besteht. Proteine sind in einem gewissen Ausmaß, auch für seine Fitness-Journey und einen Muskelaufbau wichtig, jedoch sollten diese Proteine besser über „leichte", fettarme proteinreiche Nahrung zugeführt werden.

Hierfür eignet sich helles Fleisch (Geflügel), Fisch und Proteine aus pflanzlicher Nahrung (Hülsenfrüchte, Soja, usw.). Fettiges Fleisch und allgemein fettreiche Gerichte verträgt dieser Typus eher schlecht. Häufige und kleinere Mahlzeiten – gerne 4 – 5mal täglich - sind für ihn besser geeignet als große üppige Portionen.

Mesomorpher Typ

Der mesomorphe Körperbautyp ist der Mischtyp zwischen den anderen zwei Körperbautypen – und das in jeglicher Hinsicht.

In der Regel sind sowohl Mann als auch Frau dieses Typs, für ihr Geschlecht, mittelgroß gebaut. Ihre Gliedmaßen wirken relativ kurz und gedrungen, was sie sehr schnell muskulös wirken lässt. Die Gelenke dieses Typus sind stark, aber noch nicht massig und plump. Grundsätzlich muss der mesomorphe Körperbautyp viel weniger als die anderen Typen tun, um seine Fitness-Ziele zu erreichen – sowohl optisch als auch auf Leistung bezogen. Er ist trainiert, optisch der klassische Vorzeige-Athlet. Ist dieser Körperbautyp untrainiert, so tendiert er eher dazu massig und ähnlich dem endomorphen Körperbautyp zu werden.

Auch charakterlich ist er gut im Wettkampf-Sport aufgehoben. Er ist sowohl mental belastbar, bringt aber auch die gewisse Ruhe und Entschlossenheit mit, um Ziele zu verfolgen und zu erreichen.

Dieser Typ kann sich sehr ausgewogen ernähren – von allem etwas – wichtig ist hier die Menge der Kalorienzufuhr an sein Aktivitätslevel anzupassen, damit er seine Fitness-Ziele mit Hilfe seiner Ernährung unterstützen kann. Die Häufigkeit seiner Mahlzeiten passt er ebenfalls an sein Aktivitätslevel und seinen Energiebedarf an. Hier bewegen wir uns in einer breiten Spanne von 2 – 5 Mahlzeiten täglich – eben je nach physischen Aktivitätslevel und Energiebedarf.

Endomorpher Typ

Der endomorphe Körperbautyp ist in vieler Hinsicht genau das Gegenteil zum ektomorphen Typen. Als Mann ist er das richtige, gemütliche Bärchen mit viel Ruhe, aber auch Kraft – als Frau die vollschlanke, kurvige Powerfrau. Beide Geschlechter dieses Körperbautyps haben viel Energie, lassen sich aber im Gegensatz zum ektomorphen Typen seltener in eine Hektik ziehen. Sie sind gesellig, aber nicht unbedingt laut und extrovertiert im Mittelpunkt von Gesellschaften. Sie können mit einer gewissen Gelassenheit und Ruhe konkurrenzfähig sein, sind hier aber charakterlich nicht so offensiv, wie der ektomorphe Typ.

Von der Körperform her, ist dieser Typ stämmig, kann aber auch leicht an Muskulatur und allgemein an Körper-Masse zulegen. Sehr gut trainiert wird seine Körperform immer noch weicher und seine Konturen weniger definiert als beim mesomorphen und ektomorphen Typ sein. Er hat grundsätzlich einen höheren Körperfettanteil als die anderen

Körperbautypen und wird immer diese Veranlagung haben, gleich wie viel er trainiert, oder er genau auf seine Ernährung achtet.

Sein Stoffwechsel ist eher langsam. Aus diesem Grund verträgt er Nahrung besser, die länger zu verdauen benötigt Die Grundregel ist: Für einen langsamen Stoffwechsel, ist langsam verdauliche Nahrung besser. Mit anderen Worten ist eine proteinreiche Ernährung –kombiniert mit gesunden Fetten (z.B. Nüsse oder Fisch) – gut für diesen Körperbautypen. Kohlehydrate sollten Großteils in Form von Stärke (Mehrfachzucker – Getreide, Kartoffeln, Reis) oder trivial Gemüse (fördert die Verdauung) zu sich genommen werden – und dies nur reduziert, da Kohlehydrate bei diesem Typus sehr leicht zu Körperfett umgewandelt werden können. Daher sind hier auch mehrwertige Kohlehydrate von Vorteil, da sie langsamer verdaut werden. Tendenziell wenigere, aber sättigende Mahlzeiten sind für diesen Körperbautyp geeignet – hier sprechen wir von 2 – 3 Mahlzeiten täglich.

Die individuell, optischen Fitness-Möglichkeiten

Grundsätzlich sollte das Erreichen von optischen Ansprüchen für das Ausüben eines Fitness-Trainings zweitrangig sein. Ganz von der Hand zu weisen ist das Thema jedoch auch nicht. Denn, wenn man schon fit, stark und athletisch ist, dann darf man auch so aussehen und es auch zeigen, wenn man möchte.

Gegensätzlich, sagt – der Grund sind oft die genetischen Voraussetzungen der Körperbautypen – die optische Athletik nicht zwingend etwas über die eigentliche physische Leistungsfähigkeit einer Person aus. Natürlich hat jede Sportart seine bevorzugten Körperbautypen, für welche diese besonders gut geschaffen sind. Ein endomorpher, naturgemäß stämmiger, Typ wird z.B. schwerer zum außerordentlichen Sportkletterer werden, als ein ektomorpher, hagerer Typ – diese Sportart ist eher für leichte und ausdauernde Menschen geschaffen. Doch gibt es eben grundsätzlich optisch sehr fit wirkende Menschen, die im Bereich der Grundlagenfitness dann oft gar nicht so „fit" und leistungsfähig sind. Solch eine Konstitution bei einem Trainierenden zu erschaffen, sollte niemals das Ziel eines seriösen Trainings-Konzeptes sein. Die antrainierte Leistungsfähigkeit steht, bei einer guten Methodik, als Ziel immer über der resultierenden Optik aus dem Training. Eine Ausnahme mag das Bodybuilding als Wettkampfsport sein.

Viel zielführender ist es, wahrlich fitte Athleten durch ein funktionelles, ganzheitliches Übungskonzept auszubilden. Dabei sollten wir nun mal akzeptieren, dass jeder Mensch einen genetisch vorbestimmten Grundtypus besitzt, den er mit seinem Verhalten (Schlaf, Training und Ernährung) bis zu einem gewissen Grad weiter formen kann.

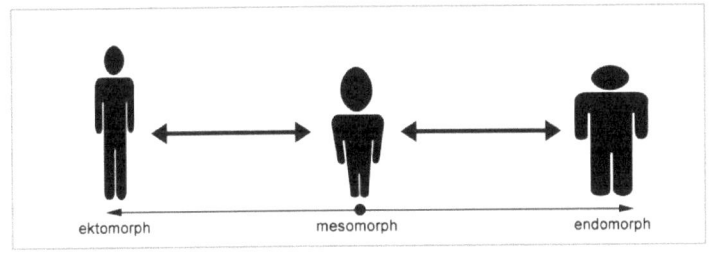

(Körperbautypen und ihre Entwicklungsmöglichkeiten)

Auch hier sprechen wir daher wieder von einem Prozess, bei dem wir, reduziert auf die optische Athletik betrachtet, den trainierten mesomorphen Typus in das Zentrum als optisch-athletisches Ziel stellen können. Mit Hilfe von funktioneller Ernährung und Training, können sich sowohl ektomorphe als auch endomorphe Körperbautypen an den fitten mesomorphen Typ annähern. Hierbei müssen sie zwar, für die gewünschte Optik, mehr Aufwand betreiben und kontinuierliche Disziplin haben als der mesomorphe Typ selbst, aber grundsätzlich ist eine Annäherung möglich. Der mesomorphe Typ trainiert für gleiche optische Ergebnisse weit weniger und muss auch weniger genau auf seine Ernährung achten.

Vergleichen wir auch kurz ektomorphen und endomorphen Typus: Ein ektomorpher Körperbautyp wird selten so viel Muskelmasse, wie ein endomorpher Typ aufbauen können. Gegensätzlich wird ein endomorpher Typ selten so definierte muskuläre Konturen haben, wie ein trainierter ektomorpher

Typ. Mit anderen Worten gelten ektomorphe Typen als „Hard-Gainer" (sie bauen sehr leicht „hartes", gut definiertes Gewebe und Konturen auf) und endomorphe Typen sind „Soft-Gainer" (sie bauen leicht viel Masse auf, die aber immer eher „weich" mit wenig Konturen, wirkt).

Hier sind, bei allem Engagement und nachhaltiger Konsequenz, unseren möglichen optischen Visionen und Zielen leider Grenzen gesetzt. Dies sollten wir uns immer vor Augen halten und lieber grundsätzlich Spaß an unserer gewählten Trainingsform haben und an unserer Leistungsfähigkeit arbeiten, bevor wir optischen Zielen hinterherjagen – so auch aus dem gesundheitssportlichen Blickwinkel: Spaß und Freude am Training zählt immer mehr als übertriebener Ehrgeiz.

Ohne Bewegung und mit schlechter Ernährung, kann jedoch jeder der 3 Körperbautypen dick und unathletisch werden. Hier wird der ektomorphe Typ gerne zur „Birne" – schmale Schultern, dünne Arme und Beine und breite Körpermitte. Der mesomorphe Typ wird stämmig wie ein „kleiner Bär" und der endomorphe Typ wird mächtig und wie ein „großer dicker Bär".

Neuro-muskuläre Ansteuerung

Die Qualität der neurologischen Ansteuerung in Richtung der Skelettmuskulatur ist ein häufig unterschätzter Faktor für die Leistungsfähigkeit des Bewegungsapparates, sowohl im Alltag als auch im Training oder im sportlichen Wettkampf. Sie trägt zwar nichts zur optischen Entwicklung unseres muskulären Systems bei, jedoch ist sie eben im hohen Ausmaß relevant die Qualität unserer alltäglichen und sportspezifischen Bewegungsmuster und ist daher für die Gesundheit unseres Bewegungsapparates relevant.

Nur wenn ein Muskel in Bewegung und Haltung, im richtigen Ausmaß und der richtigen Dauer, vom motorischen Zentrum des Nervensystems innerviert wird, trägt dieser zu effektiven und damit funktionellen und schmerzfreien Bewegungs- und Haltungsmustern bei. Für die Ausprägung dieser Ansteuerung sind muskuläre Spannungswerte im motorischen Zentrum unseres Gehirns gespeichert. Gegensätzlich bewirken dysfunktional eingelernte und automatisierte Bewegungsmuster in der neuro-muskulären Verbindung einen Großteil von anhaltenden Problemen unseres Bewegungsapparate. Nochmals, mit anderen Worten und auf den Punkt gebracht, sind viele zu optimierende Themen unseres Bewegungsapparates Verhaltens- und Lernsache, welche unsere gespeicherten Spannungswerte im Zentralnervensystem beeinflusst.

Hierbei vertritt der sportkinesiologische Grundgedanke des muscle:coachings, die Meinung, dass alle neuro-muskulären Ansteuerungen, von Seiten des Zentralnervensystems, überkreuz passieren. Die linke Gehirnhälfte löst, mit ihren neurologischen Reizsetzungen, Bewegungsmuster der rechten Körperhälfte aus und die rechte Gehirnhälfte steuert die linke Körperhälfte an. Die Förderung der Kommunikation zwischen rechter und linker Gehirnhälfte steigert allgemein die Bewegungsqualität und das Bewegungslernen unseres Körpers, da er so, ganzheitlich effektiver und zielgerichteter arbeiten kann.

Aus diesem Grund wirst Du in den späteren Workouts häufig folgende, praktische Übungseigenschaften finden:

- Arbeit der linken gegen die rechte Körperhälfte als Trainingswiderstand
- Überkreuzbewegungen über die Körpermitte hinweg
- Verbindung der Körperachsen über die Stabilisierung der Körpermitte

Durch diese Übungs-Charakteristik werden die funktionellen neurologischen Verbindungen des motorischen Zentrums im Zentralnervensystem / Gehirn und Hirnstamm gefördert.

Weiter ist es, für das Erlernen und Automatisieren von funktionellen Bewegungsmustern relevant, das Konzept der Senso-Motorik für das Bewegungslernen zu betrachten.

Der Bewegungsapparat lernt und automatisiert Bewegungsmuster über Wiederholung. Integrierst Du ein funktionelles Fitness-Training in deinen Alltag, dass gleichzeitig Haltungs-Training ist, so wirst Du über den kontinuierlichen Trainingsprozess nicht nur fitter, sondern speicherst und automatisiert auch immer besseres Bewegungsverhalten für deinen Alltag. Du lernst mit anderen Worten ein gesünderes Verhalten. Dies geschieht immer in Wechselwirkung zwischen körperlicher Eigenwahrnehmung (Sensorik) und daraus folgender Bewegung (Motorik). Hierbei sind neu zu erlernende Workout-Übungen, die Du regelmäßig ausführst, zuerst ein willentlicher Prozess, der im Bereich der neurologischen Ansteuerung der Kortex unseres Gehirns stattfindet. Dies ist die äußerste Schicht unseres Gehirns, in der rationale, willentliche Prozesse gesteuert werden. Mit der Zeit werden die Details dieser Bewegungsmuster instinktiv und bekommen häufig auch eine unbewusste emotionale Wertigkeit – Du musst nicht mehr auf alle Einzelheiten der Bewegungsaufgabe achten, da vieles bereits automatisch von Dir gemacht wird, wenn Du dich an die Bewegungsausführung machst. Die Bewegungen und damit ein Verhalten sind bis zu einem gewissen Grad bereits gelernt. Hier laufen neurologisch gesehen, viele Prozesse bereits im Mittelhirn deines Zentralnervensystems – der mittleren Schicht unseres Gehirns (limbisches System) - ab. Sind die Bewegungsmuster vollends automatisiert, dann hältst Du beispielsweise eine gute aufrechte Körperhaltung mit den richtigen Spannungsrelationen fast immer, auch im Alltag, ein. Du führst dann reflexartige Handlungen aus. Diese Bewegungsaspekte werden bereits von deinem Hirnstamm aus gesteuert und sind damit voll automatisiert. All dies geschieht in Wechselwirkung zwischen Sensorik (Körperwahrnehmung) und adäquater Motorik (Bewegungsausführung als Reaktion auf die Wahrnehmung). Auch hier gilt: Umso öfter Du ein bewusstes funktionelles Training mit einer Muscle-Mind-Connection ausführst, umso besser wird deine Wahrnehmung für deine aktuelle Haltungs- und Bewegungsqualität. Das oben dargestellte System vom Bewegungslernen veranschaulicht Dir die untere Abbildung nochmals grafisch.

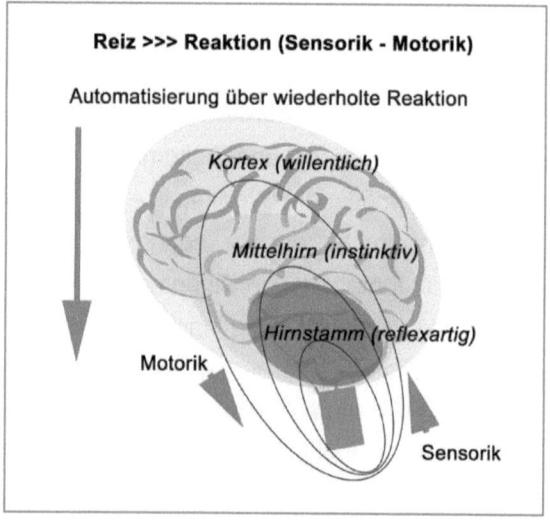

(Senso-Motorik und Automatisierung in der Neurologie)

Aus einem anderen Blickwinkel betrachtet, können wir konkreter festhalten, dass Bewegungsmuster, je nach ihrer Aktionsart (rational / willentlich, emotional / instinktiv, reflexartig / automatisiert / fixiert), aus einer anderen Tiefe des Gehirns stammen. Umso automatisierter Bewegungsmuster sind, umso tiefer sind sie in unserem Zentralnervensystem gespeichert – dies gilt sowohl für funktionale als auch dysfunktionale Bewegungsmuster. Jedoch können wir dysfunktionale Bewegungsmuster, die bereits automatisiert sind, über bewusstes Training mit dem Fokus auf eine Muscle-Mind-connection, auch wieder in die äußeren Aktionsbereiche unseres Zentralnervensystems holen, wieder bewusst fühlbar machen, sie umlernen und positiv verändern.

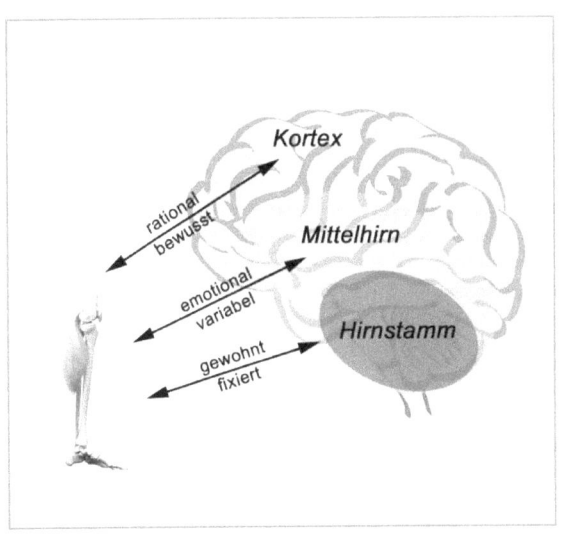

(neurologische Reaktionsarten im Zentralnervensystem)

[63]

Muskel-Meridiane

Die funktionelle Sicht auf den menschlichen Bewegungsapparat ist dann gegeben, wenn er ganzheitlich, im größeren Kontext, betrachtet wird. Im Bereich des Muskel-Faszien-Konstrukts bedeutet dies, von der Sicht auf einzelne, für sich stehende und agierende Muskeln abzukommen und gerade für Haltungs-, Bewegungs- und Trainingsmuster in Muskelketten zu denken.

Als praktisches Schema an Muskel-Ketten nutzt das muscle:coaching eben die Muskel-Meridiane der traditionellen chinesischen Medizin (TCM). Dieses Konzept von funktionellen Muskelverbindungen fügt einzelne Muskeln, über Gelenke hinweg, mit Hilfe der Muskelfaszien, zusammen. Obwohl die Muskel-Meridiane muskuläre Verbindungen darstellen, tragen diese ihre organischen Bezeichnungen der zugehörigen Haupt-Meridiane aus der TCM, als Namensgebung. Sowohl durch die verbindende Muskel-Faszie können Spannungen von einem Muskel zum nächsten übertragen werden als auch durch die Anweisungen des motorischen Zentrums des Zentralnervensystems wird der Muskeltonus der einzelnen Muskeln verändert – im funktionalen, so wie im dysfunktionalen Ausmaß.

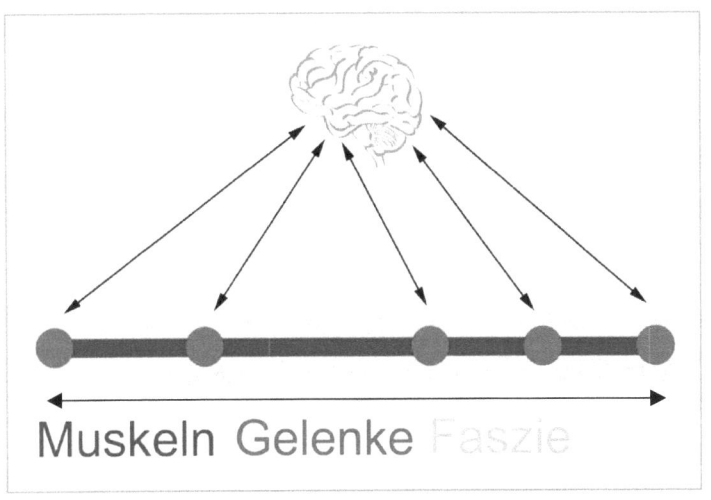

(Aufbau eines Muskel-Meridians)

Dabei besitzt der menschliche Körper 12 Muskel-Meridiane je Körperhälfte (links und rechts, symmetrisch angeordnet) – daraus ergeben sich in Summe 24 Muskel-Meridiane für den gesamten Bewegungsapparat. Sie decken funktionell einen Großteil der vorhandenen Skelett-Muskulatur des Menschen ab. Die Muskel-Meridiane stehen paarweise in enger Verbindung zueinander. Dies ist vergleichbar mit dem klassischen Muskelkonzept von Spieler und Gegenspieler (Agonisten / Antagonisten), zuzüglich ihrer Mitspieler (Synergisten – die restlichen Muskel-Meridiane eines Kegelsegments / einer Gliedmaße).

Schematisch veranschaulichen lässt sich dies im zuvor erwähnten Konzept des Kegelsystems.

[65]

Sechs Muskel-Meridiane betreuen jeweils ein Bein. Dabei gibt es folgende gegenseitige enge Verbindungen:

Blase / Niere

Gallenblase / Leber

Magen / Milz

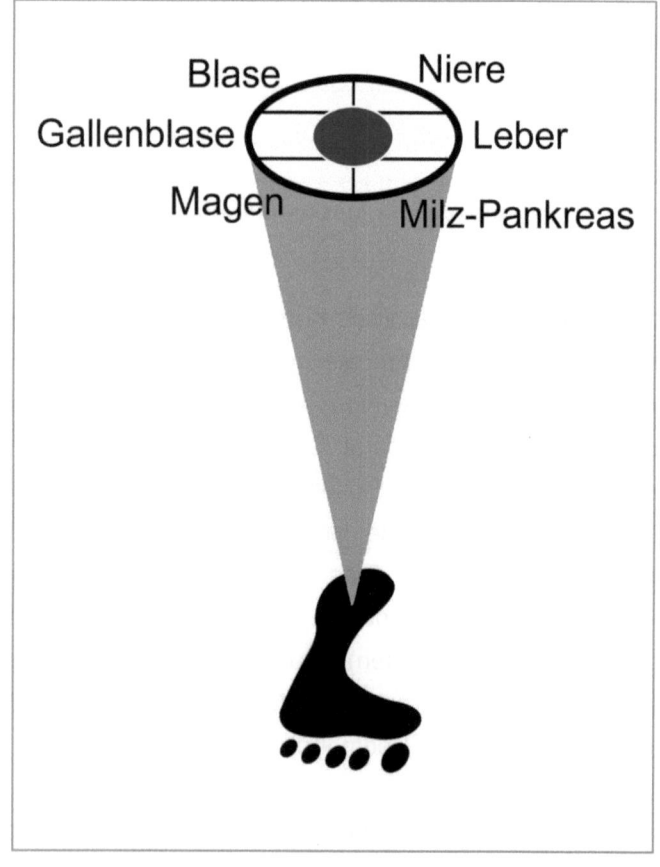

(Beinsegmente der Muskel-Meridiane)

[66]

Auch an den Armen besitzt der Mensch je sechs Muskel-Meridiane. Hierbei reichen die drei Muskel-Meridiane, die an der Körpervorderseite (Handflächenseite) starten, weiter auf den oberen Rumpf. Die drei Muskel-Meridiane, die an der Körperrückseite (Handrückenseite) verlaufen, reichen weiter über die Schultern, den Nacken, bis hin zum Kopf.

Enge Verbindungen bestehen hier zwischen:
Dickdarm / Lunge
3fach-Erwärmer / Perikard
Dünndarm / Herz

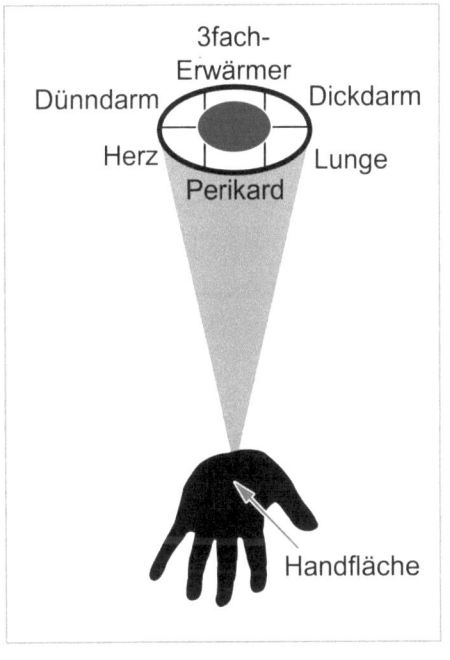

(Arm-Segmente der Muskel-Meridiane)

[67]

Abgesehen von den drei handflächenseitigen Arm-Muskel-Meridianen (Herz, Perikard, Lunge), welche am oberen Rumpf enden, wird der Rumpf hauptsächlich aus den Muskel-Meridianen der Beine betreut. Hierbei betreuen – grob eingeteilt – die Muskel-Meridiane von Magen, Milz und Leber die Körpervorderseite (frontale Seite). Die beiden Gallenblasen-Muskel-Meridiane betreuen die Flanken des Körpers und die Muskel-Meridiane von Blase und Niere betreuen die dorsale Seite des Rumpfes (Körperrückseite).

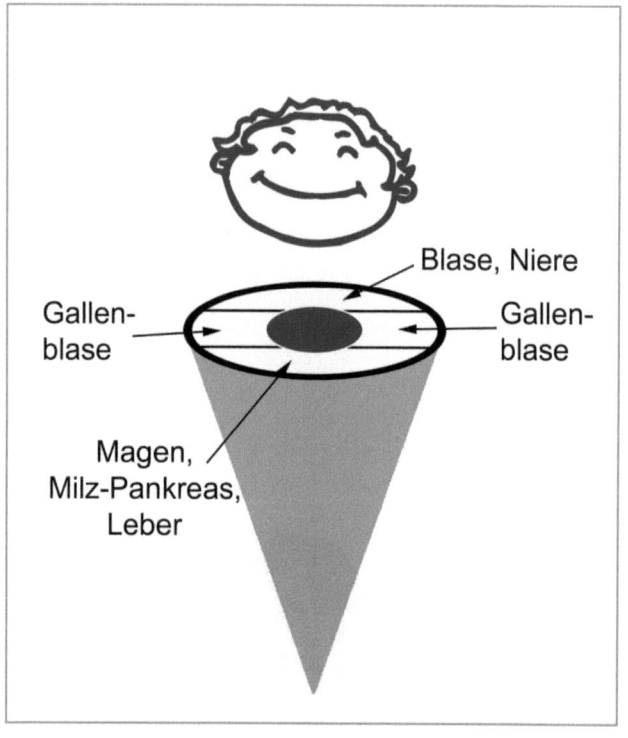

(Rumpf-Segmente der Muskel-Meridiane)

[68]

Am Segment des Kopfes und des Halses – dem obersten Kegel des menschlichen Körpers – treffen sowohl die Ganzkörper-Muskel-Meridiane (Gallenblase, Blase, Magen) als auch die dorsalen Arm-Muskel-Meridiane (3fach-Erwärmer, Dünndarm, Dickdarm) zusammen. Welche primären Bereiche die einzelnen Muskel-Meridiane hier betreuen, entnimmst Du der unteren Darstellung.

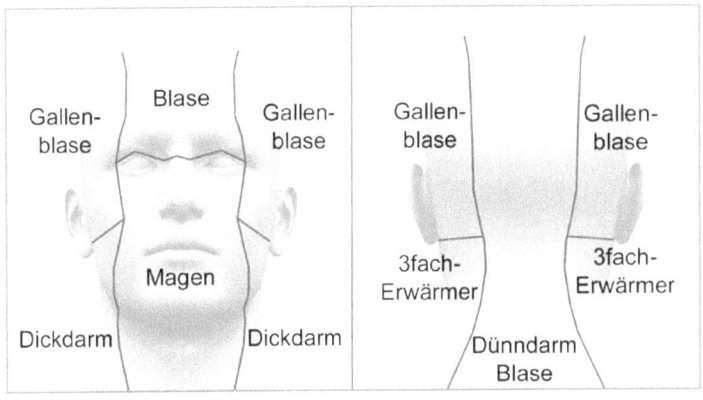

(Kopf-Segmente der Muskel-Meridiane)

In den folgenden Unterkapiteln beschreibe ich Dir alle Muskel-Meridiane im Detail und stelle Dir kurz dar, wo ihre Spannungsfelder liegen können.

BI = Blasen-Muskel-Meridian

Der Blasen-Muskel-Meridian erstreckt sich von der äußeren Fußkante und der Fußsohle, über die gesamte hintere Körperfläche. Vom Hinterkopf verläuft er weiter auf die Körpervorderseite, bis hin zur mittigen Augenbraue. Die Funktionalität dieses sehr langen Muskel-Meridians hat besondere Relevanz für einen gesunden und aufrechten Stand und Gang. Er kann gerade bei monotonen, stehenden und sitzenden Körperhaltungen ins Ungleichgewicht geraten.

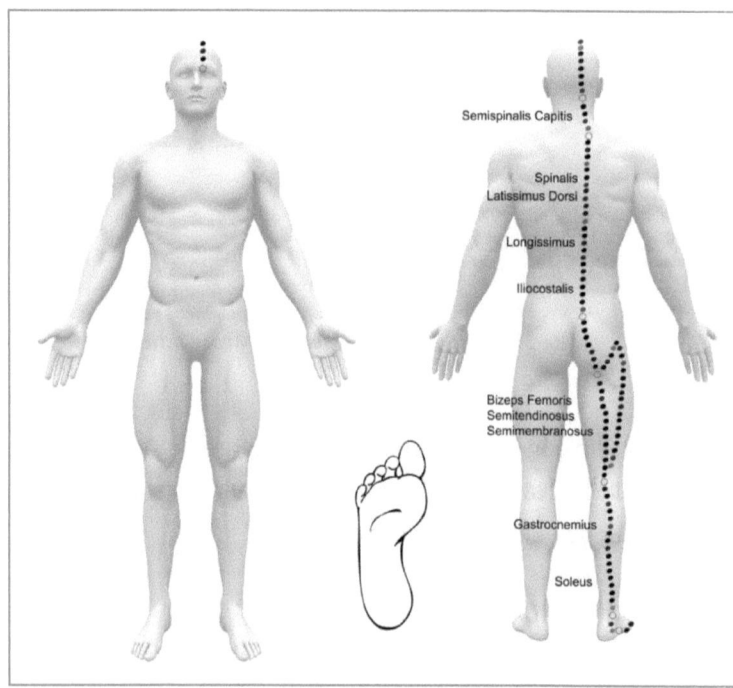

(Blasen-Muskel-Meridian)

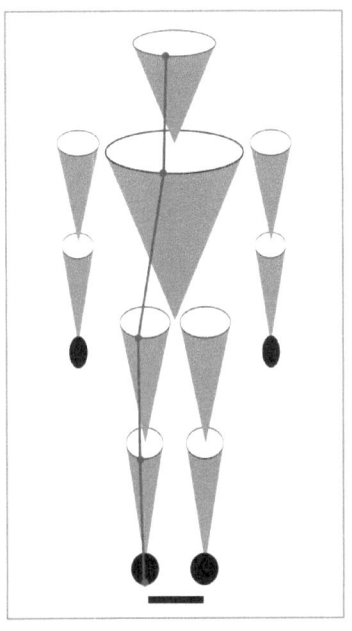

(Blasen-Muskel-Meridian im Kegelsystem)

Der Nieren-Muskel-Meridian assistiert dem Blasen-Muskel-Meridian im Bereich des hinteren, inneren Beines und am Rücken, zentral entlang der Wirbelsäule. Er hat besondere Bedeutung für den Bereich des Fußgewölbes und dadurch für die Funktionalität des Fußes – welche weiter den ganzen Körper beeinflussen kann. Denn der gesamte Bewegungsapparat ist nur so funktionell und in Wirklichkeit leistungsfähig, wie die Füße als seine Basis / das Fundament. Im Bereich des Rumpfes erstreckt sich der Nieren-Muskel-Meridian entlang der engen Wirbelsäulen-Muskulatur und geht schlussendlich über das Schulterdach zum mittigen Schlüsselbein.

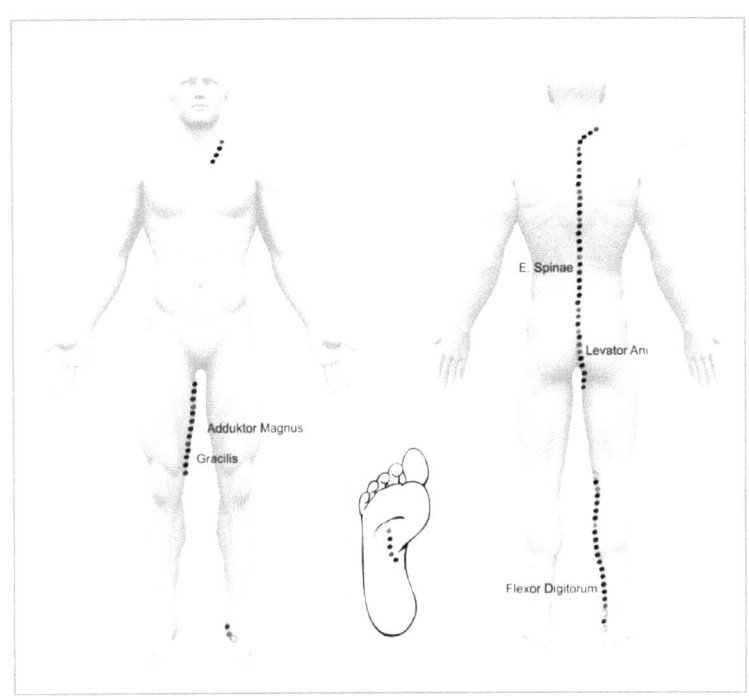

(Nieren-Muskel-Meridian)

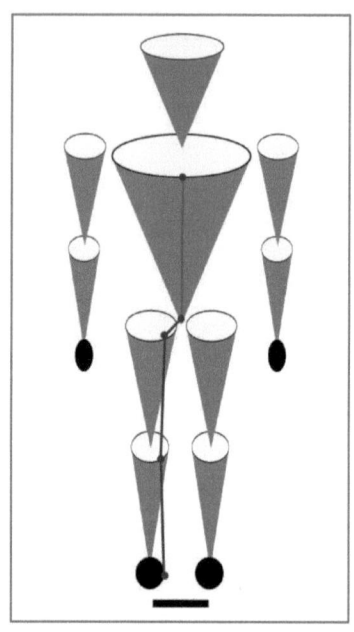

(Nieren-Muskel-Meridian im Kegelsystem)

[74]

Der Gallenblasen-Muskel-Meridian betreut die Flanke des gesamten Körpers. Er inkludiert zusätzlich große Teile der Gesäßmuskulatur und des unteren seitlichen Rückens, was ihn funktionell mit vielen modernen Haltungsproblemen in Berührung kommen lässt. Weiter inkludiert er mit dem M. Sternocleidomastoideus einen der Hauptstabilisatoren des Kopfes am seitlichen Nacken, der bei chronischer Verkürzung, einen Geierhals / ein Turtle-Neck auslösen und zusammen mit Rundschultern, fixieren kann. Ist dieser Muskel einseitig verkürzt, kann er einen Schiefhals begünstigen.

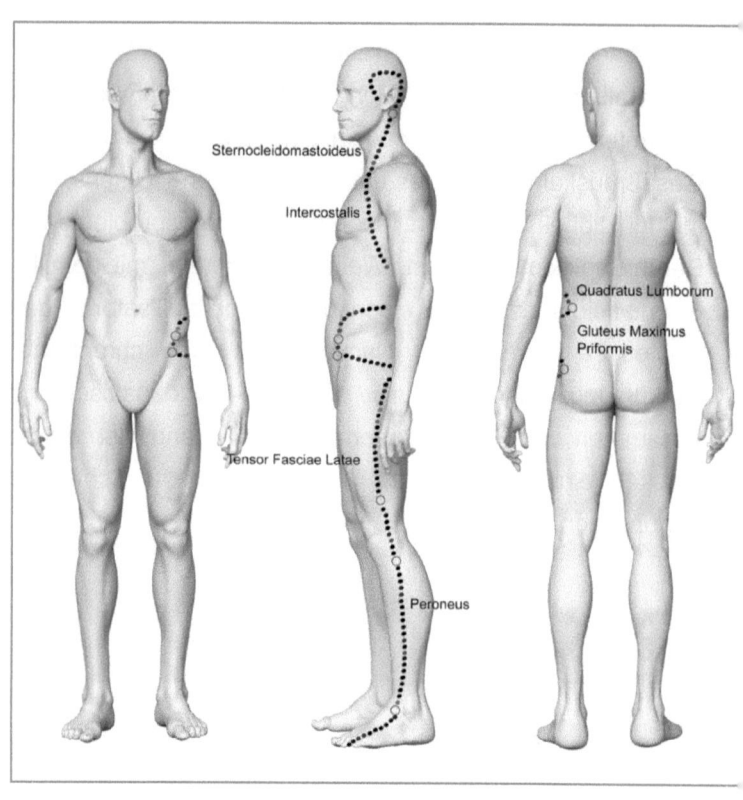

(Gallenblasen-Muskel-Meridian)

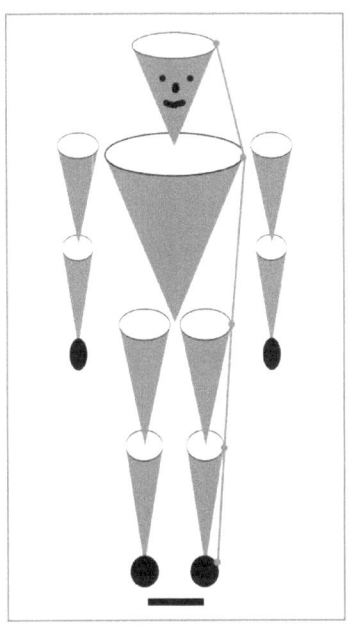

(Gallenblasen-Muskel-Meridian im Kegelsystem)

Der Leber-Muskel-Meridian kann im Bereich des Fußes mit dem Hallux Valgus (Hammerzehe) als funktionelle Störung in Verbindung gebracht werden. Diese Muskel-Kette verläuft, am Fuß beginnend, das innere Bein entlang und endet an der Leistenbeuge vorbei, am Unterbauch.

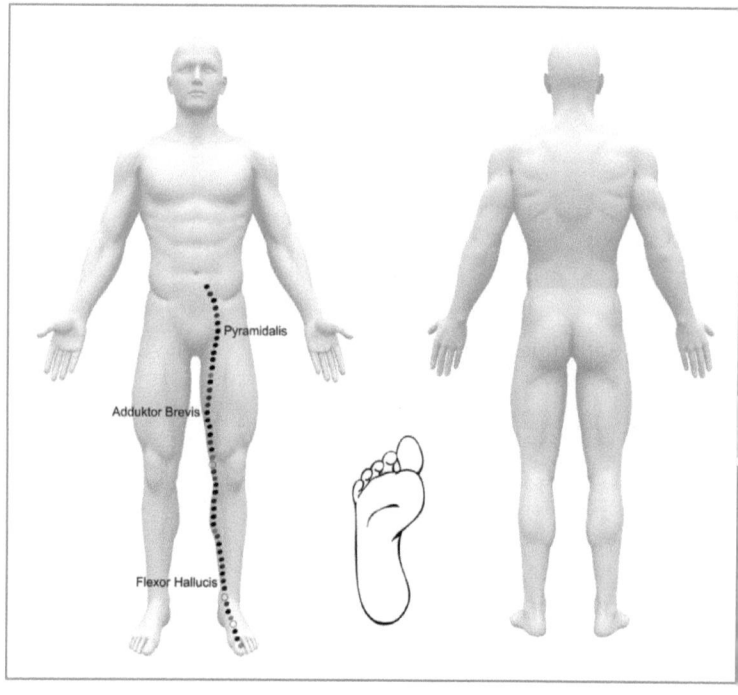

(Leber-Muskel-Meridian)

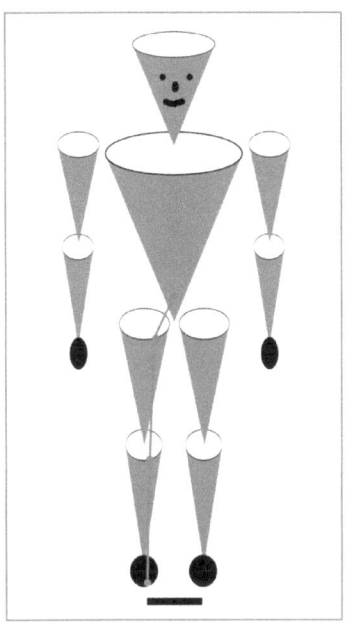

(Leber-Muskel-Meridian im Kegelsystem)

Der Dünndarm-Muskel-Meridian steigt vom kleinfingerseitigen Handrücken (der Handkante) entlang der inneren Armrückseite, in Richtung oberen Rumpf an. Hier inkludiert er einen Großteil der Muskulatur, die quer über das Schulterblatt verläuft. Vom Schulterblatt hinweg, führt er in Richtung Wirbelsäule, von wo er zentral in Richtung Hinterkopf ansteigt. Hier verteilt er sich erneut, über die subokzipitale Muskulatur, nach außen. Der Dünndarm-Muskel-Meridian kann durch seinen zentralen Verlauf entlang der oberen Brustwirbelsäule und der Halswirbelsäule, auf die andere Körperhälfte, mit funktionellen Spannungen, ausstrahlen.

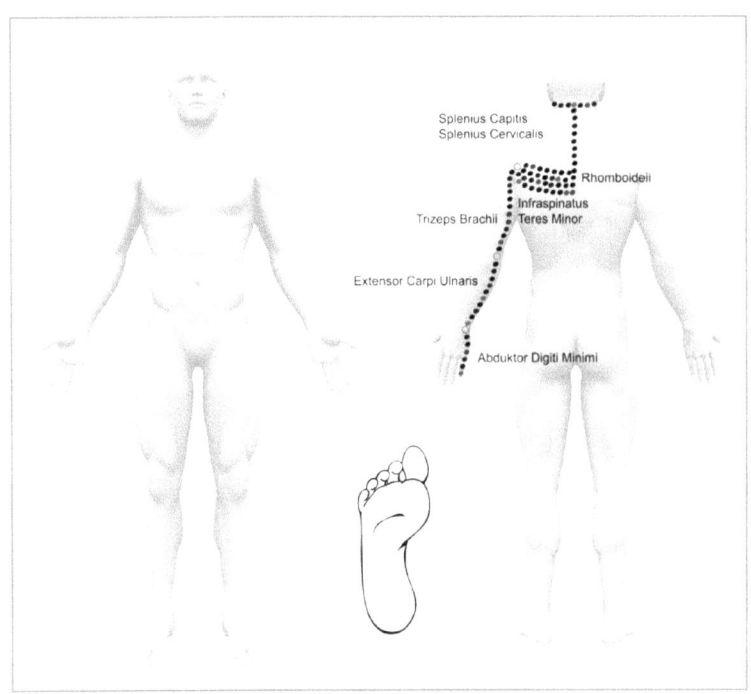

(Dünndarm-Muskel-Meridian)

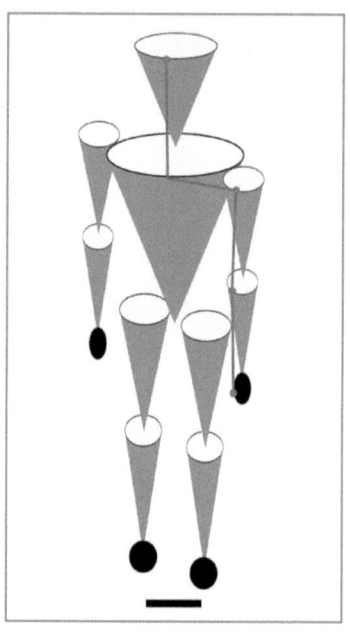

(Dünndarm-Muskel-Meridian im Kegelsystem)

Der Herz-Muskel-Meridian verläuft vom kleinen Finger, über die innere Handfläche (die Handkante), entlang des inneren vorderen Armes in Richtung große, oberflächliche Brustmuskulatur. Aufgrund von häufigen Greiftätigkeiten und anderen monotonen Bewegungsmustern ist es möglich, dass im Bereich dieses Muskel-Meridian-Verlaufs ein Golfer-Ellbogen entsteht. Dieser kann durch eine chronisch verkürzte Brustmuskulatur begünstigt werden.

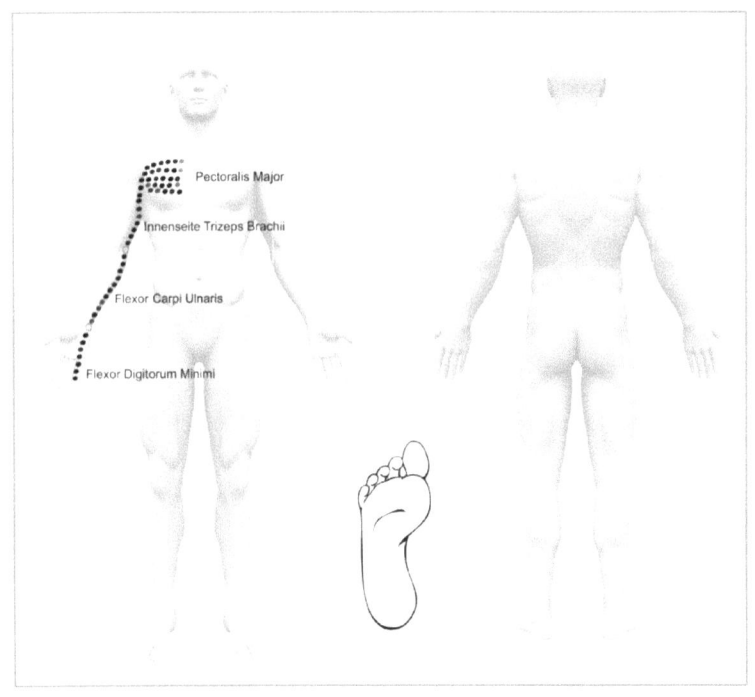

(Herz-Muskel-Meridian)

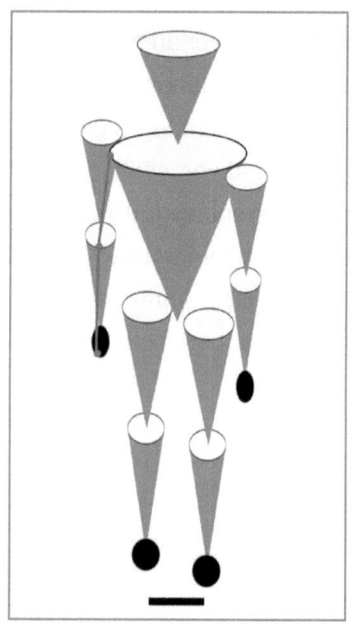

(Herz-Muskel-Meridian im Kegelsystem)

[84]

Der 3-Fach-Erwärmer-Muskel-Meridian startet am Ring- und Mittelfinger auf der Körperrückseite. Weiter verläuft er über den zentralen Handrücken, mittig an der Armrückseite entlang und wechselt am oberen Rumpf auf das hintere Schulterdach. Am Nacken inkludiert er den Schulterblattheber (M. Levator Scapulae), welcher häufig unter funktionellen Spannungen, aufgrund unseres Alltagsverhaltens, leidet. Hierdurch können Themen wie muskulär bedingte Spannungskopfschmerzen und Migräne entstehen. Schlussendlich verläuft dieser Muskel-Meridian in die Muskulatur des Unterkiefers und kann deshalb, bei muskulären Ungleichgewichten, Zähneknirschen (Bruxismus) begünstigen.

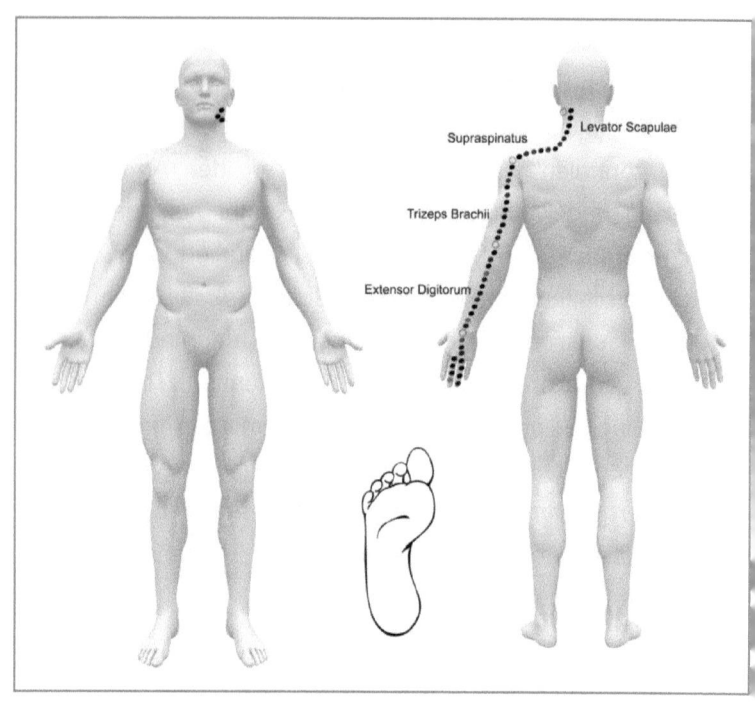

(3fach-Erwärmer-Muskel-Meridian)

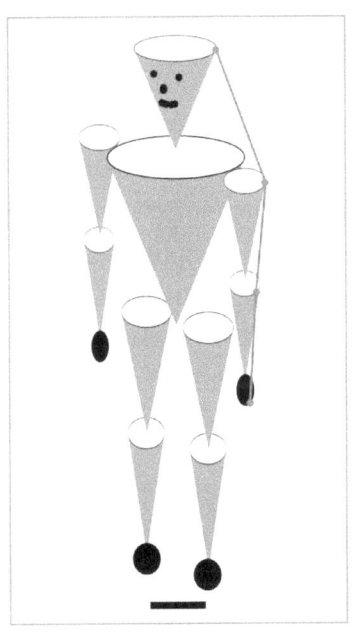

(3fach-Erwärmer-Muskel-Meridian im Kegelsystem)

Pe = Perikard-Muskel-Meridian

Der Perikard-Muskel-Meridian reicht vom handflächenseitigen Ring- und Mittelfinger, über die zentrale Handfläche, bis hin zum mittigen, inneren, vorderen Arm. Im Bereich der unteren vorderen Schulter, wechselt er unter der Achsel hindurch, auf die Körperrückseite. Hier inkludiert er einen Teil der Schulterrotatoren, welche am äußeren Schulterblatt ansetzen. Weiter geht er unter das Schulterblatt und inkludiert hier die Muskulatur zwischen Schulterblatt und Rippen (z.B. M. Subscapularis).

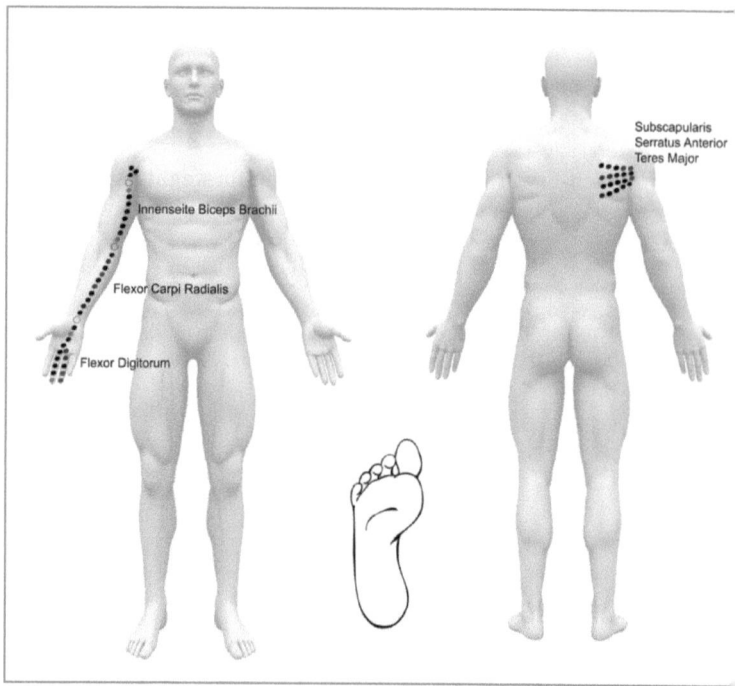

(Perikard-Muskel-Meridian)

[88]

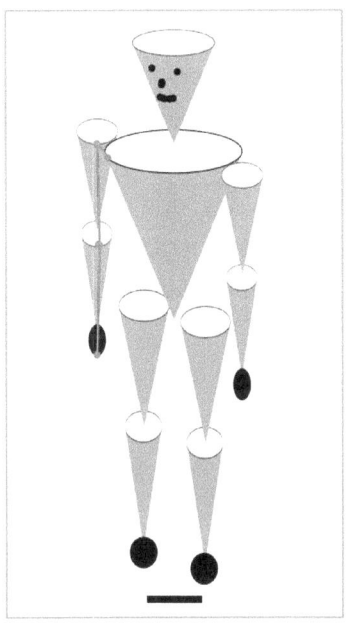

(Perikard-Muskel-Meridian im Kegelsystem)

Ma = Magen-Muskel-Meridian

Der Magen-Muskel-Meridian ist der Ganzkörper-Muskel-Meridian der Körpervorderseite. Er erstreckt sich von den mittleren Zehen des Fußes, über den Fußrücken, die vordere Schienbeinmuskulatur, das äußere vordere Knie, hin zum vorderen Oberschenkel. Von dort an verbindet er sich über die Leistenbeuge mit der geraden Bauchmuskulatur und verläuft anschließend über die mittige Brust zur vorderen, seitlichen Halsmuskulatur. Abschließend endet dieser Muskel-Meridian unter dem Auge.

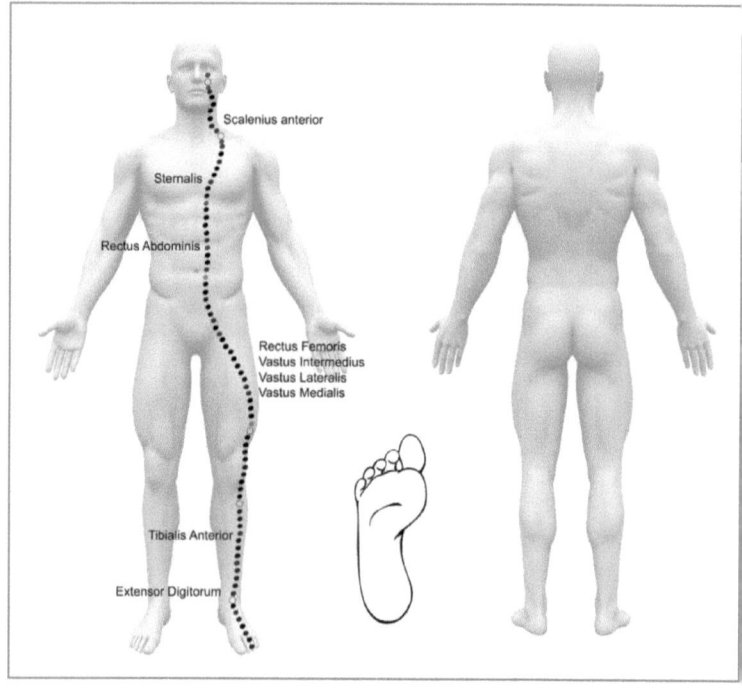

(Magen-Muskel-Meridian)

[90]

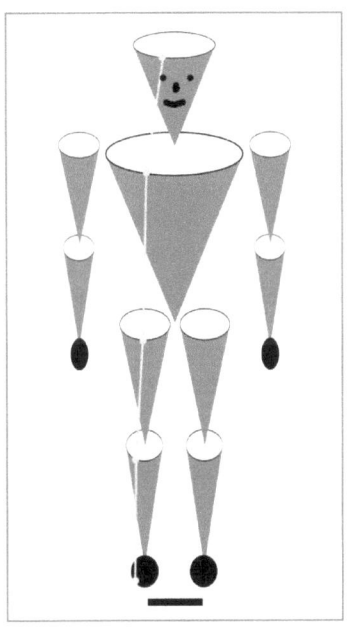

(Magen-Muskel-Meridian im Kegelsystem)

[91]

Der Milz-Muskel-Meridian assistiert dem Magen-Muskel-Meridian an der Körpervorderseite – im speziellen am inneren vorderen Bein. Hier betreut er den inneren vorderen Knöchel und das innere vordere Knie. Vom inneren Oberschenkel reicht er anschließend über die Leistenbeuge in die tiefe Hüftstrecker- und Bauch-Muskulatur. Ist diese Muskulatur durch häufige sitzende Tätigkeiten und zu wenig Ausgleichsbewegung chronisch verkürzt, kann dies zu funktionellen Kreuzschmerzen führen, da die Muskulatur zum Teil an der Wirbelsäule ansetzt und diese in eine dysfunktionale Position ziehen kann.

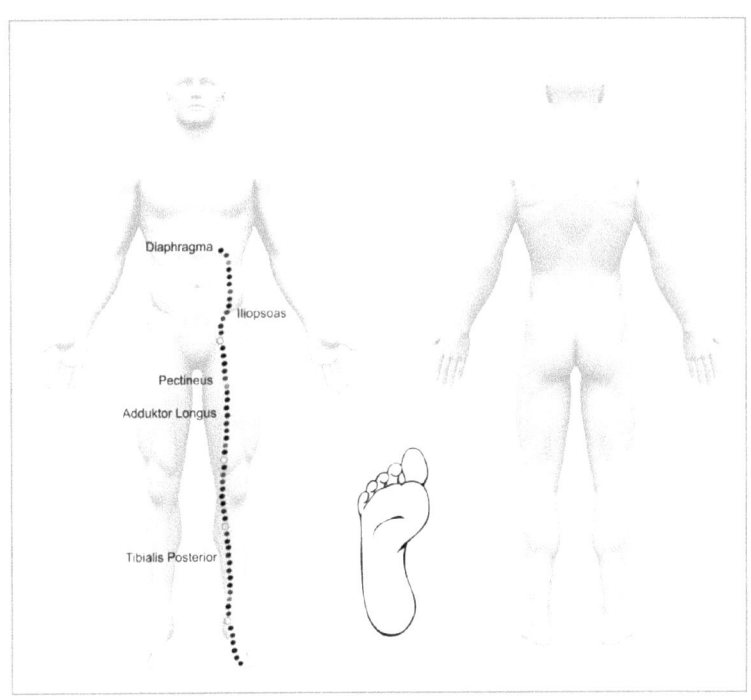

(Milz-Muskel-Meridian)

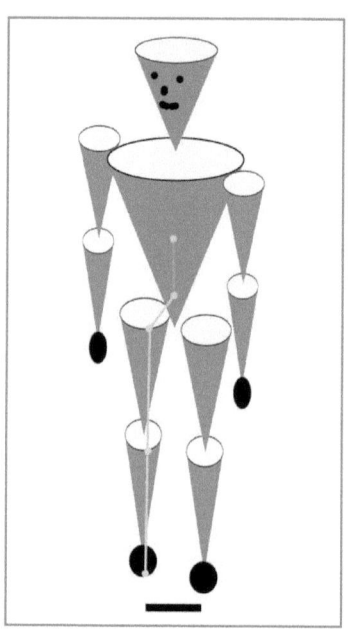

(Milz-Muskel-Meridian im Kegelsystem)

[94]

Der Dickdarm-Muskel-Meridian erstreckt sich vom handrückenseitigen Zeigefinger über die hintere, äußere Seite des Armes, bis hin zum Schulterdach. Von dort reicht er über den Hals an die Körpervorderseite und verläuft über die Wange, hin zum äußeren Nasenflügel. Gerade übermäßig angespannte, hochgezogene Schultern sind ein häufiges funktionelles Ungleichgewicht in diesem Muskel-Meridian, welches weiter einen Tennis-Ellbogen im Muskel-Meridian-Verlauf begünstigen kann. Letzterer hat ähnliche funktionelle Ursachen wie die Mouse-Hand – z.B. häufige, monotone Tätigkeiten von Zeigefinger und Daumen, gepaart mit übermäßigen Spannungen des Schulterdachs.

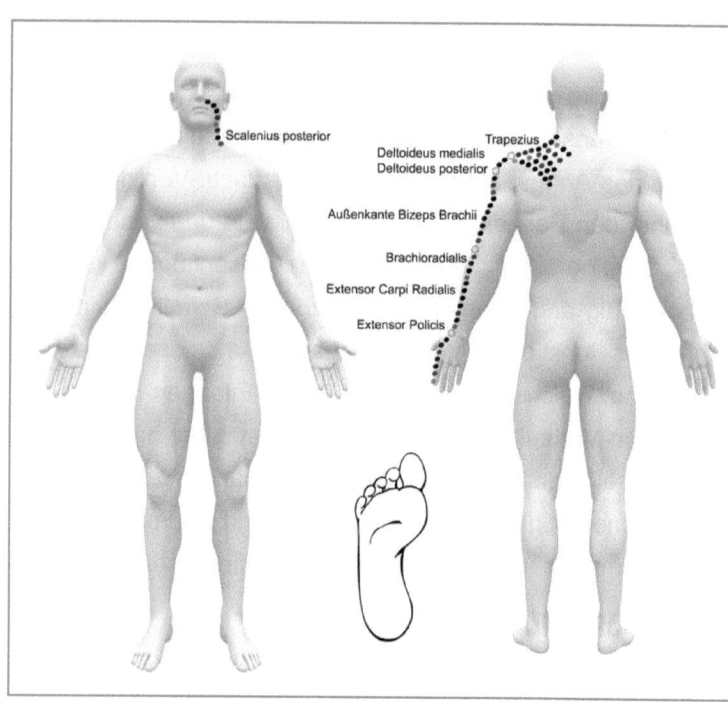

(Dickdarm-Muskel-Meridian)

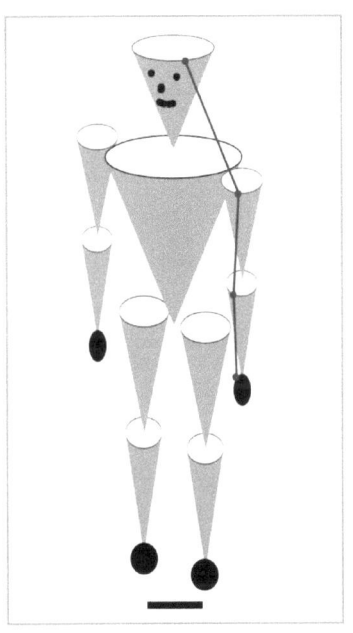

(Dickdarm-Muskel-Meridian im Kegelsystem)

Der Lungen-Muskel-Meridian verläuft vom handflächenseitigen Daumen, über den äußeren vorderen Unterarm, den vorderen Oberarm, über die vordere Schulter, hinein in die tiefe Brustmuskulatur. Eine Verkürzung der tiefen Brustmuskulatur kann durch eine häufige dysfunktionale Spannung und eine schlechte Körperhaltung (schlechte Sitzhaltung, vorgeneigter Kopf), mit zu wenig Ausgleichstraining entstehen. Diese begünstig heutzutage häufig vorkommende Rundschultern. Diese Rundschultern können ein zuvor erwähntes Turtle-Neck / den Geierhals auslösen, da sie eine, aus dem Ungleichgewicht geratene, Basis für Nacken und Kopf darstellen, die der Bewegungsapparat in dieser Form ausgleicht.

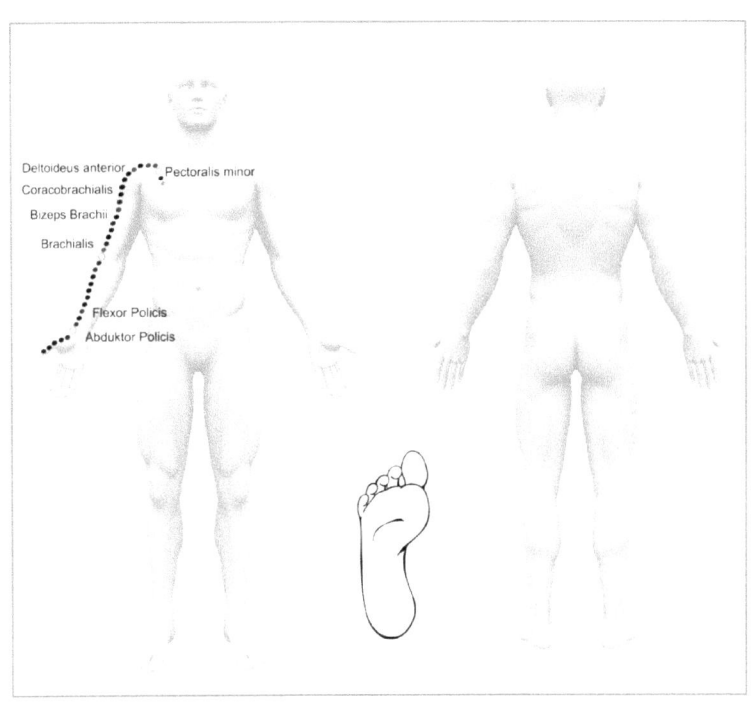

(Lungen-Muskel-Meridian)

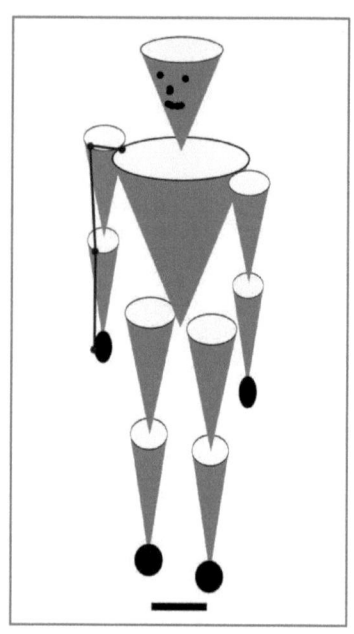

(Lungen-Muskel-Meridian im Kegelsystem)

Trainingsgrundlagen der (ranged) functional M:C-Isometrics

Um die Trainingsgrundlagen für die Workout-Quickies dieses Ratgebers, mit ihrem Großteils teilisometrischen Trainings-Charakter besprechen zu können, sollten wir zuerst klären, welche Formen der Muskeltätigkeiten in der Skelettmuskulatur es gibt und wie sie in den (ranged) functional Isometrics dieses Buches, Anwendung finden.

Konzentrische Muskelarbeit

Die konzentrische Muskelarbeit wird auch isotonische Muskelarbeit genannt. Hierbei ist die eingesetzte Kraft der arbeitenden Muskulatur größer als die Masse des Widerstands / das Trainings-Gewicht, dass bewegt werden soll. Damit verkürzt sich der Muskel – er zieht sich unter aktiver Arbeitsleistung zusammen - und der Gelenkswinkel im Bereich der arbeitenden Muskulatur verringert sich.

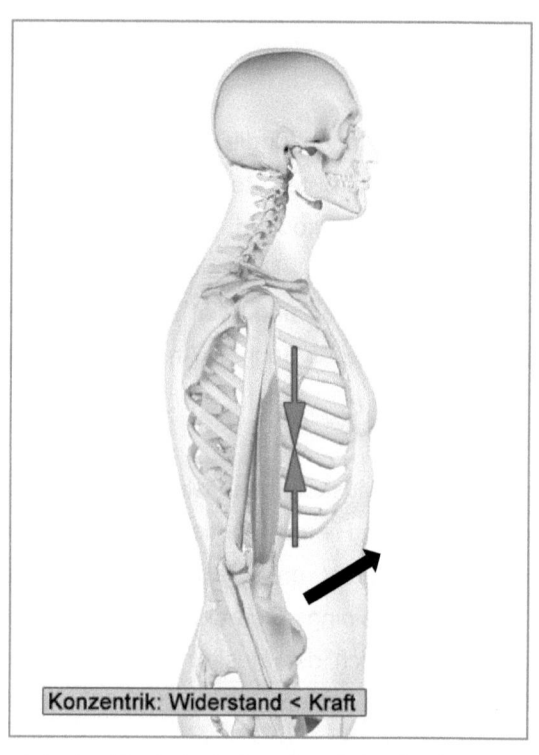

Konzentrik: Widerstand < Kraft

(Konzentrische Muskelarbeit anhand des M. Bizeps Brachii)

Exzentrische Muskelarbeit

Bei der exzentrischen Muskelarbeit ist der geleistete Krafteinsatz der Muskulatur geringer als die Masse des Widerstandes / des Trainings-Gewichtes, welches bewegt werden soll. Um eine Trainingswirksamkeit zu erzielen, ist hier die Muskulatur an ihrer maximalen Belastungsgrenze. Dadurch entsteht eine Streckung der arbeitenden Muskulatur und der sich bewegende Gelenkswinkel im Bereich der arbeitenden Muskulatur vergrößert sich.

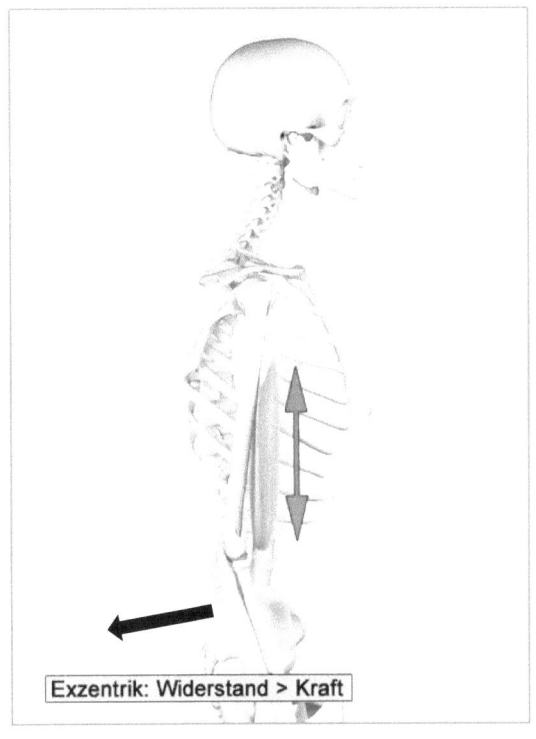

(exzentrische Muskelarbeit anhand des M. Bizeps Brachii)

Isometrische Muskelarbeit

Die isometrische Muskelarbeit bedeutet Muskeltätigkeit ohne entstehende Bewegung. Hier ist der geleistete Krafteinsatz der Muskulatur genau gleich der Masse des Widerstands / dem Trainings-Gewicht, dass es zu überwinden gilt.

[103]

Hierdurch entsteht keinerlei Bewegung, obwohl die arbeitende Muskulatur vollen, ausbelasteten Tonus hält. Die Gelenkswinkel im Bereich der arbeitenden Muskulatur verändern sich daher nicht.

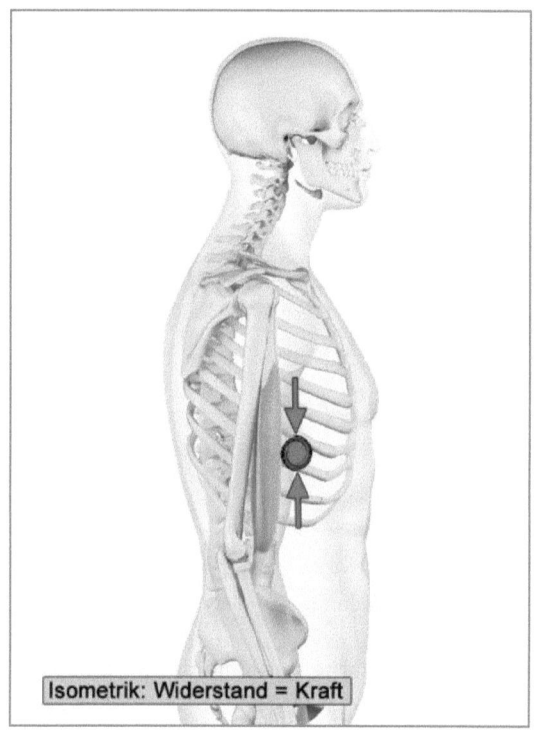

Isometrik: Widerstand = Kraft

(isometrische Muskelarbeit anhand des M. Bizeps Brachii)

In den ranged functional Isometrics finden alle drei Formen in folgender Art und Weise ihren Einsatz:

1. Isometrische, maximale Anspannung in der Vorphase
2. Teilisometrische (exzentrische und konzentrische) Bewegungsphase unter isometrischer Teilspannung
3. Isometrische, maximale Spannung in der Nachphase

Eine genauere Beschreibung des Trainings-Rhythmus erhältst Du im Kapitel „Ausführung der ranged functional M:C-Isometrics".

Ausführung der functional M:C-Isometrics

Wie gerade erwähnt, dienen die functional M:C-Isometrics in den ranged functional Isometrics als Vor- und Nachphase zum teilisometrisch bewegten Hauptteil der Übung. In ihrer vollen Ausführungsform unterscheidet sich diese bewegungslose Trainingsform von herkömmlichen isometrischen Kräftigungsübungen, wie Du sie in anderen Trainingssystemen findest. Während bei diesen anderen Systemen eine Körperhaltung eingenommen wird und folgend unter vollen Druck gegen den gegebenen Widerstand aus der Körperhaltung, eine muskuläre Spannung auf eine Zeitdauer aufrecht gehalten wird, so dient diese Körperhaltung inkl. eines leichten erzeugten Drucks (ca. 1/3 der maximal möglichen muskulären Arbeit) nur als Vorbereitung zur späteren Übungsausführung in der Form der functional M:C-Isometrics.

Nach dem Aufbau dieser Vorspannung in der jeweiligen Körperhaltung, wird die restliche muskuläre Anspannung bis annähernd 100 % (Indiz ist ein Muskelzittern, welches anzeigt, dass die arbeitende Muskulatur an ihre Leistungsgrenze gerät) durch eine willentliche Anweisung seitens des Trainierenden an seine Muskeln aufgebaut. Hierdurch wird die Muscle-Mind-Connection aktiviert und das neuro-muskuläre Lernen des Muskel-Neurologie-Konstrukts gefördert. So entsteht auch ein Haltungs-Trainings-Aspekt in jedem Fitness-Training, da der Körper nebenbei lernt, adäquate muskuläre Spannungen effizient aufzubauen und zu halten. Kombiniert man dies mit einer guten Körperhaltung, entsteht ein integriertes Haltungstraining. Dies ist eine willentliche Aktion (Motorik), die einen Lernprozess für deine Körperwahrnehmung (Sensorik) fördert.

(Beispiel functional M:C-Isometrics)

Beim isometrischen Training werden für die verschiedenen Fitness-Ziele (Kraftsteigerung, Muskelaufbau, usw.) keine Übungswiederholungen durchgeführt, sondern eine gewisse Zeitdauer der Muskelkontraktion angestrebt.

Folgende Belastungsdauern sind für die jeweiligen Trainingsbereiche relevant – die unteren Zeitangaben gelten für die Skelettmuskulatur bei konstant gehaltener, durchgehender, annähernd maximaler (Indiz ist das besagte Muskelzittern) Muskelanspannung.

- 0 – 6 Sekunden / Aktivierung und Haltung: In diesem Bereich wird die arbeitende Muskulatur lediglich durchblutend aktiviert und neurologisch innerviert. Durch zweiteres wird der zuvor besagte Haltungs-

[107]

Trainings-Aspekt gefördert. Dieser Trainingsbereich eignet sich sehr gut als Warm-Up, oder bei starken bestehenden funktionellen Ungleichgewichten der Muskulatur. Bei letzterem ist es wichtig, den Muskeltonus nicht in voller Form auszureizen – also kein Muskelzittern zu erzeugen. Dies würde den bereits überlasteten muskulären Bereich noch weiter stressen und wäre daher kontraproduktiv im Sinne des funktionellen Gleichgewichts.

- 6 – 15 Sekunden / Kraftzuwachs: In dieser Zeitspanne kontinuierlicher, maximaler Muskelanspannung wird die menschliche Skelettmuskulatur, in Folge der Trainingsanpassung, im Bereich des Kraftzuwachses trainiert. Hierbei verändert sich jedoch das physiologische Masseverhältnis / Muskelquerschnitts-Dicke / Muskel-Hypertrophie nicht wesentlich.

- 15 – 45 Sekunden / Muskelaufbau: Im zeitlichen Trainingsbereich zwischen 15 – 45 Sekunden kontinuierlicher, maximaler Muskelanspannung, befinden wir uns im klassischen Fitness-Trainings-Bereich, bei dem Muskelmasseaufbau betrieben werden kann. Aufgrund physiologischen Muskelquerschnittzuwachses in Folge der Trainingsanpassung, steigt automatisch auch der potenzielle Kraftzuwachs der betrachteten Muskulatur.

- 45 - … Sekunden / Muskelausdauer: Ab einer durchgehenden Belastungsdauer, der maximal arbeitenden Muskulatur, über 45 Sekunden hinaus, wird in erster Linie die Durchhaltefähigkeit / Ausdauer der trainierenden Muskulatur gestärkt. Auch hier entsteht nur mehr ein geringer Effekt auf den Muskelmassezuwachs.

In der unteren Grafik hast Du die einzelnen Trainingsbereiche visuell aufbereitet. Hier habe ich Dir auch eine notwendige Schrittanzahl für die einzelnen Trainingsbereiche inkludiert, falls Du auf Spaziergängen trainieren möchtest – in diesem Fall ist es einfacher Schritte, anstelle von Sekunden zu zählen.

(Belastungsbereiche der functional M:C-Isometrics)

Die untere Grafik zeigt Dir nochmals auf, dass sich – nach der Aktivierungsphase (bis zu 6 Sekunden konstanter

Anspannung) der maximal arbeitenden Muskulatur – die Relation von Kraft- und Ausdauer-Training kontinuierlich, mit steigender Belastungsdauer, verschiebt. Im mittleren Zeitbereich steigt der Faktor des Muskelaufbaus sowohl an und fällt auch wieder ab.

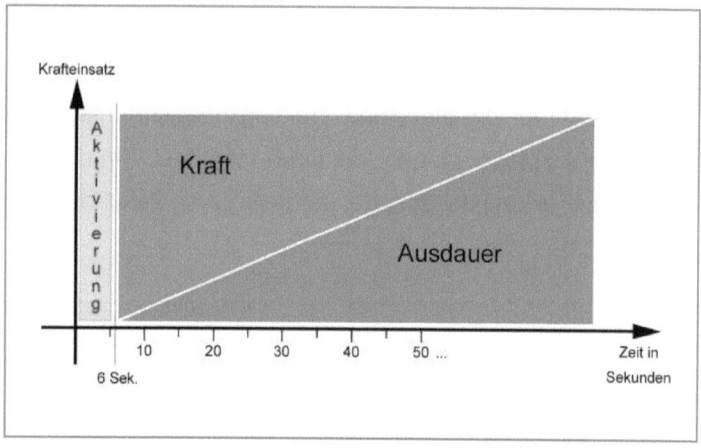

(Kraft- und Ausdauer-Relation der functional M:C-Isometrics)

Im Zuge der späteren Workouts dienen die functional Isometrics als Vor- und Nachphase zu den teilisometrischen Hauptübungen.

Die ranged functional Isometrics sind eine Kombination aus isometrischer und teilisometrischer Trainings-Ausführung. Als Vor- und Nachphase, zum bewegten Ablauf der Übungen, wird eben eine isometrische / unbewegte, annähernd maximale Grundspannung aufgebaut, welche in der grundsätzlichen und mittigen Übungsposition eingehalten wird. Dabei sollst Du auch die stabile Grundhaltung nicht vergessen, die auch in der Bewegungssequenz aufrecht gehalten wird.

In der Bewegungssequenz des Übungsablaufs wird die maximale isometrische Grundspannung der arbeitenden Muskulatur um etwa 10 % reduziert, sodass Bewegung unter Vorspannung wieder möglich wird.

Der konkrete Übungsablauf der ranged functional Isometrics sieht nun wie folgt aus:

1. Vorphase: Nimm die mittige Übungsposition ein, stelle die Center-Point-Stabilisierung her und führe die zugehörige, unbewegte, konstante Grundspannung der Übung zu 100 % und auf die gewünschte Zeitdauer, aus.
2. Bewegungsphase: Reduziere die Grundspannung um etwa 10 % und halte dabei die Center-Point-Stabilisierung weiterhin ein. Mache die Bewegungsausführung unter Beibehaltung der

Vorspannung. Zähle dabei die gewünschten Wiederholungen.

3. Nachphase: Gehe nach der Bewegungsausführung wieder in die mittige Grundhaltung und spanne die Muskulatur zu 100 % isometrisch an. Hier ist die Zeitdauer im Idealfall gleich, wie in der Vorphase – oder zumindest so lange, wie Du eine konstante Muskelkontraktion mit voller Leistung noch aufrechterhalten kannst.

(Beispiel functional ranged M:C-Isometrics)

In dieser Form des Trainings kannst Du, je nach Trainingsziel, folgende Belastungsformen wählen:

Krafttraining:
Vorphase: 6 – 15 Sekunden
Bewegungsphase: 2 – 5 Wiederholungen
Nachphase: 6 – 15 Sekunden

Muskelaufbautraining:
Vorphase: 15 – 20 Sekunden
Bewegungsphase: 5 – 15 Wiederholungen
Nachphase: 15 – 20 Sekunden

Ausdauertraining:
Vorphase: 45 – 50 Sekunden
Bewegungsphase: über 15 Wiederholungen
Nachphase: 45 – 50 Sekunden

Funktionelle Ernährungsideen

Der Teil dieses Buches soll zwar kein detaillierter Ernährungsratgeber sein, jedoch ist deine Ernährung maßgeblich für deine Fitness. Daher werde ich Dir in diesem Kapitel noch ein paar fundamentale, diätkonzeptübergreifende, einfache Ernährungs-Ideen mit auf deine Fitness-Journey geben, die in der Regel völlig ausreichen um dein restliches, bewegtes und fittes Leben gut zu unterstützen.

Abgesehen von dem Fakt, dass jeder grundsätzliche Körperbautyp des Menschen, individuell verschiedene Makronährstoffe (Kohlehydrate, Proteine, Fette) besser oder schlechter verträgt, sind die Prinzipien für Muskelaufbau / Gewichtszunahme, Körperfettanteils-Reduktion / Gewichtsreduktion, als die möglichen Ziele deiner Fitness-Journey, simpel:

Führst Du auf Dauer, deutlich mehr Kalorien (als Maßeinheit für Nahrungsenergie) zu, als Du über deine geistigen und körperlichen Aktivitäten pro Tag verbrauchst, so wirst Du an Gewicht zulegen. Je nachdem wie Du die zugeführten Makronährstoffe verstoffwechseln kannst, Du individuell fähig bist Körpermasse aufzubauen und wie dein physisches Aktivitätslevel / Training aussieht, wird diese Gewichtszunahme in Form von Körperfett oder Muskelmasse sein. Für den Aufbau von Muskelmasse ist für jeden Körperbautyp – im Rahmen seiner stoffwechselbedingten Verträglichkeit – die Zufuhr von Proteinen sehr wichtig, da diese einerseits eben den Stoffwechsel anregen, andererseits länger satt machen und sie nicht so schnell in Energie für den Muskel umgewandelt werden können. Auch benötigt die Muskulatur diese Proteine als Reparaturstoff für die Regenerationsphase nach dem Training. In dieser Phase entsteht dann in Form einer Trainingsanpassung die Leistungssteigerung deines Körpers (z.B. Muskelwachstum, Kraftsteigerung, usw.).

[114]

Nimmst du auf Dauer weniger Kalorien zu Dir, als Du täglich verbrauchst, so wirst Du an Körpergewicht verlieren. Sind es deutlich weniger Kalorien, als dein Energieerhaltungsumsatz (die Menge an Nahrungsenergie, die Du benötigst, um genau deinen Bedarf, bei deinen Aktivitäten zu decken) ausmacht, wirst Du jedoch Muskelmasse einbüßen. Isst Du geringfügig unter dem Energieerhaltungsumsatz und kombinierst dies mit Kraft-Training, so wird deine Muskelmasse erhalten bleiben, oder sogar etwas zunehmen, wenn Du eine proteinreiche Ernährung auf Dauer in deinen Alltag integrierst. Hier wird sich dein Körperfettanteil reduzieren. Dies alles hat den Hintergrund, dass dein Stoffwechsel, der für die Fettverbrennung zuständig ist, in den Sparmodus geht, sobald Du viel zu wenig Kalorien zu Dir nimmst. Du wirst geistig und körperlich schwach und dein Körper baut zuerst Muskulatur ab, um sich die Fettreserven für den absoluten Notfall, sollte er gar keine Nahrung mehr bekommen, aufzusparen. Bei einem geringfügigen Kaloriendefizit bleibt dein Stoffwechsel aktiv und deine Muskelmasse eben erhalten.

Mit den folgenden Formeln kannst Du die ungefähren Eckdaten deines Kalorienbedarfs errechnen.

Grundumsatz Mann:
(*Körpergewicht in KG* x 10) + (6,25 x *Körpergröße in CM*) − (5 x *Alter in JAHREN*) + 5 = GRUNDUMSATZ

Grundumsatz Frau:

(*Körpergewicht in KG* x 10) + (6,25 x *Körpergröße in CM*) – (5 x *Alter in JAHREN*) - 161 = GRUNDUMSATZ

Physisches Aktivitäts-Level (PAL):

Der physische Aktivitäts-Level ist ein Multiplikator, der deine ungefähren und durchschnittlichen, täglichen, körperlichen Tätigkeiten darstellt. Dieser wird für die Errechnung des Erhaltungsumsatzes mit dem Grundumsatz multipliziert.

1,2	sitzende Tätigkeit - unter 6000 Schritte am Tag
1,375	leichte Aktivität - sitzende Tätigkeit, aber 6000 - 8000 Schritte am Tag, 1 - 3mal Sport die Woche
1,55	moderate Aktivität - sitzende Tätigkeit, 8000 - 10000 Schritte am Tag, 3 - 5mal Sport die Woche
1,725	hohe Aktivität - sitzende Tätigkeit, über 10000 Schritte am Tag, fast täglich Sport
1,9	sehr Aktiv - körperliche Tätigkeit, täglich über 10000 Schritte, täglich Sport

Erhaltungsumsatz Frau & Mann:

Grundumsatz x PAL = Erhaltungsumsatz

Mit den oberen Formeln kannst Du deinen ungefähren, täglichen Energiebedarf, bezogen auf dein Geschlecht, dein Alter, dein aktuelles Körpergewicht und in Relation zu deinen gewöhnlichen körperlichen Tätigkeiten, errechnen. Je nach deinem individuellen Stoffwechsel, ist dies natürlich nur ein theoretisches „Rechenspiel" und kann Dir nur einen Richtwert geben. Du wirst Daher auch mit der Zeit deine praktischen Erfahrungen zu dem Thema sammeln müssen und solltest beobachten, ob Du mit einer gewissen Nahrungsmenge bei deinem Aktivitätslevel, zu- oder abnimmst, bzw. deine Konstitution hältst. Als erste Orientierung sind die errechneten Werte jedoch sehr gut.

Genauer, im Bereich der Energiezufuhrmenge, rate ich Dir an, für eine athletische Gewichtsreduktion, konstant 10 – 20 % unter deinem Energieerhaltungsumsatz, Nahrung zuzuführen. Für eine Gewichtszunahme – besonders in Form von Muskelmasse – solltest Du dich konstant 5 – 10 % über deinem Energieerhaltungsumsatz ernähren. Für eine Athletik- und Gewichtserhaltung empfiehlt sich eine tägliche Energiemengenzufuhr, die ungefähr den Energieerhaltungsumsatz entspricht (+ / - 5 %).

Hierbei ist wichtig, die Art deiner zugeführten Energie, im Bereich der Makronährstoffe, an deinen aktuellen Körperbautypus anzupassen – praktische Ratschläge für dieses Thema stelle ich Dir im Folgekapitel vor.

Wie bereits im theoretischen Kapitel über die Körperbautypen erwähnt, korrelieren die drei Grund-Körperbautypen jeweils stark mit einem grundlegenden Stoffwechseltypus. Dies hat zur Folge, dass wir aufgrund des Körperbautypus eine tendenzielle / ungefähre Ernährung, im Bereich der Makronährstoffe, für eine betrachtete Person ins Auge fassen können. Natürlich gibt es auch hier leichte Abweichungen und wir dürfen auch nicht auf individuelle Ernährungsvorlieben, wie vegan, vegetarisch, bzw. auf Nahrungsunverträglichkeiten vergessen. Trotzdem können wir aufgrund unseres Wissens aus den Körperbautypen und den Stoffwechseltypen einen ungefähren Ernährungsrahmen vorgeben, welcher für eine grundlegend funktionelle Ernährung, als Unterstützung für dein Training, völlig ausreichend ist.

Die untere Tabelle zeigt Dir einleitend die wichtigsten Eck-Pfeiler der Ernährung für die Körperbautypen auf:

[118]

Genetischer Körper-bautyp	Stoffwechsel-typ	Habitus	Anzahl Mahlzeiten	Ernährung
Ektomorph hager	Glykotyp	hyper-aktiv	4 - 5	Kohlehydrate (pflanzliches EW) 50 / 40 / 10 KH / EW / F
Mesomorph athletisch	Mix-Typ	ausge-glichen	2 - 5	Gleiche Anteile 40 / 40 / 20 KH / EW / F
Endomorph stämmig	Betatyp	hypo-aktiv	2 - 3	Fett (tierisches EW) 30 / 50 / 20 KH / EW / F

(Legende: KH = Kohlehydrate, EW = Proteine, F = Fette)

Beim ektomorphen Typus ist zu beachten, dass er tierisches Eiweiß / Proteine – besonders fettiges Fleisch – eher schlecht verträgt. Es liegt ihm oft regelrecht im Magen und das tagelang. Grundsätzlich sollten fettige, gehaltvolle Speisen daher eher vermieden werden, da er diese schlecht verdauen kann. Dafür sind Kohlehydrate, in jeglicher Form,

[119]

bedenkenlos von ihm konsumierbar. Seine benötigte Proteinzufuhr sollte dieser Typus über pflanzliche Proteine, Eier, mageren Fisch, oder mageres Fleisch abdecken.

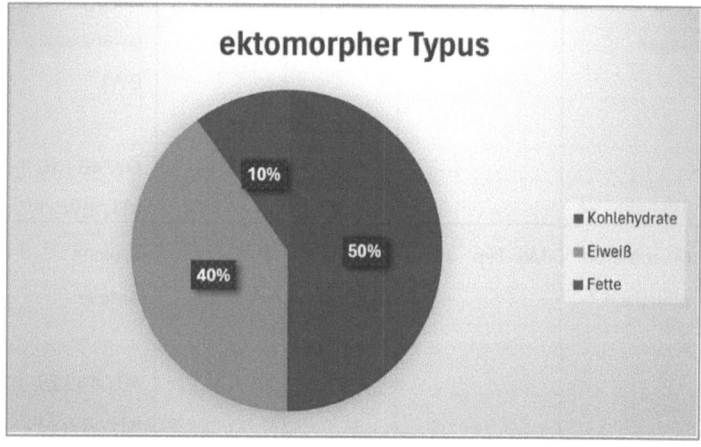

(Makronährstoff-Verteilung des ektomorphen Typus)

Der mesomorphe Typus ist bei der Ernährung der ausbalancierte Mischtyp. Lediglich, da in der heutigen Gesellschaft der Bewegungsmangel tendenziell vorherrscht, sollten Fette weniger als Kohlehydrate und Proteine konsumiert werden, da diese am energiereichsten sind und durch Bewegung auch verwertet werden wollen. Dies ist gerade aus gesundheitlichen Aspekten relevant. Sonst kann dieser Typus bedenkenlos bei allen Speisen zulangen, sollte jedoch darauf achten, dass die Menge der Energiezufuhr ungefähr mit seinen physischen Aktivitätslevel und seiner restlichen Konstitution (Alter, Geschlecht, Gewicht) übereinstimmt.

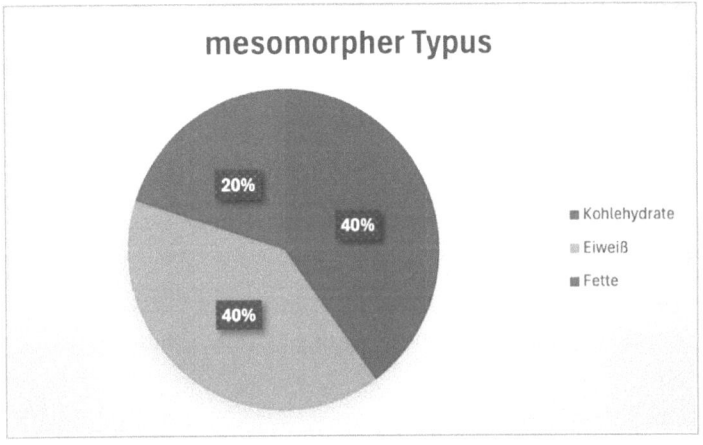

(Makronährstoff-Verteilung des mesomorphen Typus)

Der endomorphe Typus ist, was seine Ernährung betrifft, gut beraten, auf proteinreiche Nahrung zu achten. Da sein Stoffwechsel naturgemäß eher langsam ist, sind die langsam verdaubaren Proteine für ihn besser verträglich, machen ihn einerseits länger satt, lassen ihn andererseits aber auch schwerer an Körpergewicht, im speziellen Körperfett, aus der Nahrungsaufnahme, zulegen. Von der Verdauung her verträgt dieser Typus auch fettreiches Fleisch meistens sehr gut. Natürlich können die benötigten Proteine aber auch über pflanzliche Nahrung, wie Hülsenfrüchte, zugeführt werden.

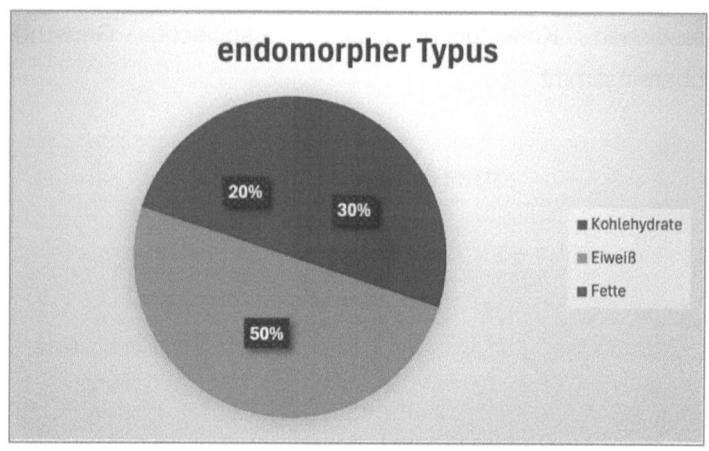

(Makronährstoff-Verteilung des endomorphen Typus)

Konzept „Work first, eat then!"

Im vollen Bewusstsein, dass die moderne Wissenschaft, mit ihren Studien, in Frage stellt, dass der Zeitpunkt der Nahrungszufuhr für die Erreichung von physischen Fitness-Zielen, wie Gewichtsreduktion bzw. Körperfettreduktion, relevant ist – hier zählt rein die Menge der zugeführten Energie – bin ich mit dem muscle:coaching ein Verfechter des „Clean-Cardios".

Mit anderen Worten und breiter gedacht, ist es sinnvoll zuerst Energie zu verbrennen – gleich ob in Form von Training, oder Alltagstätigkeiten – bevor man Nahrung zu sich nimmt. Denn betrachten wir dieses Thema unwissenschaftlich und eher pragmatisch: Was ist die notwendige Nahrungsaufnahme in Wirklichkeit?

Sie ist das Auffüllen der Energiespeicher, nachdem wir diese durch körperliche und geistige Tätigkeiten geleert haben. Erst wenn ein richtiges Hungergefühl, oder andere kurzfristige Mangelerscheinungen aufkommen – genauer gehe ich auf dieses Thema im nächsten Kapitel ein – benötigt der Körper wieder Energiezufuhr in Form von Nahrung.

Dies ist gerade für den aktuell endomorphen Körpertypus besonders relevant, da dieser sehr leicht Speicherfett in seinem Körper ansetzen kann. Aber auch für die anderen Körperbautypen ist dieser Gedankenansatz der Ernährung kein Fehler, solange man grundsätzlich genug Energie für seine jeweiligen Fitnessziele zuführt und Tätigkeiten auf leeren Magen, z.B. vom Herz-Kreislauf-System her, verträgt. Denn Fakt ist, unabhängig vom Körperbautypus, dass der Körper die aufgenommene Nahrung besser verarbeitet und meistens auch besser verträgt, wenn er Hunger hat, da er seine Energiespeicher auffüllen muss.

Ich rate Dir daher, wenn Du eine Mahlzeit am Tag streichen möchtest um ein Kaloriendefizit herbeizuführen, dies mit dem Frühstück zu tun und auch nie gleich nach dem Aufstehen, ohne davor aktiv gewesen zu sein, Nahrung zu Dir zu nehmen. Denn, solltest Du am Vorabend nicht hungrig zu Bett gegangen sein, so ist es rein physiologisch unlogisch, nach der Ruhephase des Schlafes, Energie auffüllen zu müssen, da im Schlaf der Stoffwechsel und die Verdauung ohnehin reduziert arbeitet und der gesamte Körper weniger Energie verbraucht.

Konzept „Be hungry once a day!"

Bleiben wir noch bei dem Thema der Nahrungszufuhr und ihrem Zeitpunkt. In Zeiten der Crash-Diäten läuft man gerne Gefahr, teilweise auch aus tradierten Sichtweisen heraus, dass weniger Nahrung zuführen, abnehmen bedeutet. Es werden aus falschem Ehrgeiz „extreme Hungerkuren" gestartet, in der Hoffnung dadurch seine angestrebten Fitness-Ziele zu unterstützen. Dabei ist dauerhafter Hunger in Wirklichkeit kontraproduktiv - in vielerlei Hinsicht. Denn konstante, starke Unterernährung lässt deine Muskelmasse schwinden, reduziert deinen Stoffwechsel in den Sparmodus hinunter und damit deine Fettverbrennung auf ein Minimum. Sie vermindert weiter deine mentale und körperliche Leistungsfähigkeit, sowohl im Training als auch im Alltag.

Auf der anderen Seite ist richtiges Hungergefühl auch ein natürlicher Körperzustand, den wir dann und wann mal haben sollten und den viele Menschen im modernen Alltag gar nicht mehr kennen bzw. erkennen können. Oft sind wir konstant übersättigt und essen eher aus Appetit, Lustbefriedigung und angelernten Rhythmen, denn aus Hunger. Aber auch diesen körperlichen Zustand des „hungrig seins" benötigen wir eben regelmäßig - jedoch nicht auf Dauer - damit unser Stoffwechsel, unsere Fettverbrennung und unsere Verdauung gut funktioniert.

Richtigen Hunger / den Bedarf an Nahrungszufuhr kannst Du an fünf verschiedenen Befindlichkeiten festmachen, die einzelnen für sich, oder gemeinsam auftreten können:

1. Hungergefühl / Magenknurren per se
2. Kopfschmerzen
3. sonst unbegründete Müdigkeit, aber auch gegensätzlich, abends nicht einschlafen zu können
4. üble Laune
5. sonst unbegründete Kreislaufprobleme

Solltest Du in einer konkreten Situation nicht sicher sein, ob Du nun Hunger (physiologischer Bedarf an Energienachschub) oder Appetit (angelerntes Verhalten, auch oft an eingelernte, regelmäßige Essenszeiten gekoppelt) hast – das Empfinden kann sich ähnlich ausdrücken und dein Körper kann Dir hier auch einen Streich spielen, um in seinem angelernten Verhalten zu bleiben – so rate ich Dir, einfach ein Glas Wasser zu trinken und abzuwarten, ob sich das Hungergefühl legt. Tut es dies, dann war es nur Appetit. Tut es dies nicht, so hast Du richtigen Hunger und Du solltest etwas und auch gerne einmal ausgiebig, essen, sodass Du auf deinen benötigten Energiebedarf kommst und deine Energiespeicher wieder auffüllst. Mit der Zeit und deiner zunehmenden Erfahrung in diesem Bereich, lernst Du die verschiedenen Zustände für sich, besser zu unterscheiden. Als Tipp: Appetit und

Lustbefriedigung vergehen in der Regel nach wenigen Minuten wieder, richtiger Hunger nicht.

Fazit der oberen Überlegungen ist: Du solltest mindestens einmal täglich auf richtigen Hunger warten, bis Du isst – vorzugsweise am Morgen – damit dein Stoffwechsel und deine Verdauung starten / ideal funktionieren.

Kraft-Workouts

Ein grundlegendes Kraft- und Fitnesstraining ist unabdingbar, wenn Du ein gesundheitsbewusstes und fittes Leben führen möchtest. Wie ich Dir bereits im ersten Ratgeber der Workout-Quickies dargestellt habe, kannst Du hier sehr pragmatisch vorgehen und die benötigten Grundlagen bereits ohne Trainingsgeräte, ohne extra Zeitaufwand, oder extra Trainingsort, usw. durchführen. Für einen grundlegend fitten und gesunden Lebenswandel reichen bewegungslose functional Isometrics, als Übungen in deinen Workouts, aus.

Die späteren acht Workouts, die ich Dir in diesem Ratgeber bereitstelle, sind, mit der Hilfe von teilisometrischen Übungen (ranged functional Isometrics), bereits ausgefeilter und lassen Dich die Leistung deines Bewegungsapparates verstärkt optimieren und deine Athletik stark ausbauen.

Folgend sind in erster Linie, Workouts für den oberen Körper dargestellt. Den Core / den mittleren Körper – hierfür gibt es die speziellen Workouts 7 und 8 – trainierst Du ohnehin durch die stabile Grundhaltung (Center-Point-Stabilisierung) in allen anderen Übungen mit. Kraft-Workouts für den unteren Körper / die Beine, sind in diesen Ratgeber nicht inkludiert. Für einen ganzheitlich fitten Lebenswandel solltest Du, wie bereits beschrieben, ohnehin viel zu Fuß unterwegs sein und mehrmals die Woche schweißtreibenden „Ausdauer-Sport" machen. Ist dieser Sport vielfältig, was die Bewegungsmuster betrifft, so reicht dies als Training für deinen unteren Körper, völlig aus.

Lesbarkeit und Trainingssteuerung der Workouts

Die späteren Kraft-Workouts habe ich Dir in Form von „Übungskarten" dargestellt. Jedes Workout besteht aus 3 – 4 Übungen. Alle Übungen eines Workouts ergeben einen Übungs-Satz, den Du am besten 3 – 4mal pro Training wiederholst, damit Du auf einen idealen Trainingseffekt kommst.

Mögliche Trainingsbereiche deckst Du, wie folgt ab:

Krafttraining:
Vorphase: 6 – 15 Sekunden
Bewegungsphase: 2 – 5 Wiederholungen
Nachphase: 6 – 15 Sekunden

Muskelaufbautraining:

Vorphase: 15 – 20 Sekunden

Bewegungsphase: 5 – 15 Wiederholungen

Nachphase: 15 – 20 Sekunden

Ausdauertraining:

Vorphase: 45 – 50 Sekunden

Bewegungsphase: über 15 Wiederholungen

Nachphase: 45 – 50 Sekunden

Die späteren Übungskarten der Workouts sehen wie folgt aus:

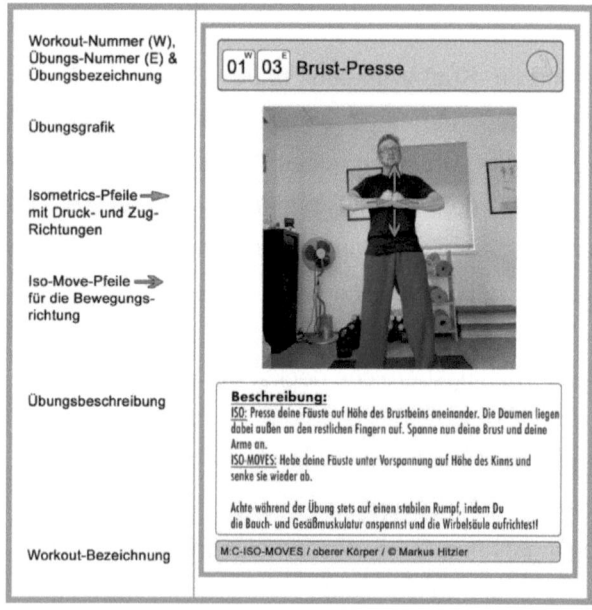

(Legende der Übungskarten)

In der Kopfzeile jeder Übungskarte findest Du die Übungsbezeichnung, ihre Übungsnummer im jeweiligen Workout und die Workout-Nummer in diesem Ratgeber selbst. Auf der Übungsgrafik findest Du, in Form von verschiedenen Pfeilen, sowohl die isometrische Druck- oder Zugrichtung als auch die teilisometrische Bewegungsrichtung eingezeichnet, welche Du für die Übungsausführung benötigst. Im Beschreibungs-Text darunter gebe ich Dir weitere Inputs, wie Du die Übung richtig ausführst und auf welche Details Du ggf. achten solltest. In der Fußzeile der Übungskarten findest Du abschließend die selbsterklärende Workout-Bezeichnung.

Workouts des oberen Körpers

Die folgenden Workouts dieses Kapitels beeinflussen in erster Linie die Arme, die Schultern bis hin zum Schulterblatt, die Brust und den Nacken. Genauer sind alle Workouts mit körperöffnenden Eigenschaften für die Armrückseiten, die Schulterblätter / die hinteren Schultern und den Nacken relevant. Alle körperschließenden Workouts adressieren in erster Linie die Arminnenseiten, die vorderen Schultern und die Brustmuskulatur, sowie Anteile der oberen seitlichen Rumpfmuskulatur.

Dieses Workout verbindet linke und rechte Körperhälfte des oberen Körpers. Die Verbindung geschieht auf drei Ebenen – oben, mittig und unten. Hierdurch werden alle Bereiche des oberen Körpers, jedoch besonders die Bereiche des dorsalen oberen Körpers, angesprochen.

Primär adressierte Muskel-Meridiane dieses Workouts:

Dickdarm / Lunge

Dünndarm / Herz

3fach-Erwärmer / Perikard

Beschreibung:

<u>Iso:</u> Hebe die Mini-Sling vollständig überkopf und ziehe deine Hände auseinander. Spanne dabei Arme, Schultern, Brust und oberen Rücken an.

<u>Iso-Move:</u> Mache nun, unter Beibehaltung der Vorspannung, abwechselnde links-rechts-Bewegungen mit deinen Händen.

Achte während der Übung stets auf einen stabilen Rumpf, indem Du die Bauch- und Gesäßmuskulatur anspannst und die Wirbelsäule aufrichtest!

M:C-ISO-MOVES / oberer Körper „öffnend, li/re" / © Markus Hitzler

Beschreibung:

<u>Iso:</u> Hebe die Mini-Sling auf Brusthöhe und ziehe deine Hände auseinander. Spanne dabei Arme, Schultern, Brust und oberen Rücken an.

<u>Iso-Move:</u> Mache nun, unter Beibehaltung der Vorspannung, abwechselnde links-rechts-Bewegungen mit deinen Händen.

Achte während der Übung stets auf einen stabilen Rumpf, indem Du die Bauch- und Gesäßmuskulatur anspannst und die Wirbelsäule aufrichtest!

M:C-ISO-MOVES / oberer Körper „öffnend, li/re" / © Markus Hitzler

Beschreibung:

<u>Iso</u>: Senke die Mini-Sling auf Höhe deines Unterbauchs und ziehe deine Hände auseinander. Spanne dabei Arme, Schultern, Brust und oberen Rücken an.

<u>Iso-Move</u>: Mache nun, unter Beibehaltung der Vorspannung, abwechselnde links-rechts-Bewegungen mit deinen Händen.

Achte während der Übung stets auf einen stabilen Rumpf, indem Du die Bauch- und Gesäßmuskulatur anspannst und die Wirbelsäule aufrichtest!

M:C-ISO-MOVES / oberer Körper „öffnend, li/re" / © Markus Hitzler

Dieses Workout kombiniert den isometrischen Zug zwischen linker und rechter Körperhälfte des oberen Körpers, mit auf- ab- bzw. vor-zurück-Bewegungen. Hierdurch wird ein sehr ganzheitlicher Workout-Charakter für den oberen Körper geschaffen, der alle Körperebenen (links-rechts, vorne-hinten, oben-unten) beansprucht.

Primär adressierte Muskel-Meridiane dieses Workouts:
Dickdarm / Lunge
Dünndarm / Herz
3fach-Erwärmer / Perikard

Beschreibung:

<u>Iso:</u> Hebe die Mini-Sling überkopf und ziehe sie auseinander.
Spanne dabei Arme, Schultern, Brust und Rumpf an.

<u>Iso-Move:</u> Mache anschließend, unter Beibehaltung dieser Vorspannung,
abwechselnde Bewegungen mit deinen Händen, auf und ab.

Achte während der Übung stets auf einen stabilen Rumpf, indem Du
die Bauch- und Gesäßmuskulatur anspannst und die Wirbelsäule aufrichtest!

M:C-ISO-MOVES / oberer Körper „öffnend, vor/zurück" / © Markus Hitzler

Beschreibung:

<u>Iso:</u> Hebe die Mini-Sling vor deine Brust und ziehe sie auseinander.
Spanne dabei Arme, Schultern, Brust und Rumpf an.

<u>Iso-Move:</u> Mache anschließend, unter Beibehaltung dieser Vorspannung,
abwechselnde Bewegungen mit deinen Händen, vor und zurück.

Achte während der Übung stets auf einen stabilen Rumpf, indem Du
die Bauch- und Gesäßmuskulatur anspannst und die Wirbelsäule aufrichtest!

M:C-ISO-MOVES / oberer Körper „öffnend, vor/zurück" / © Markus Hitzler

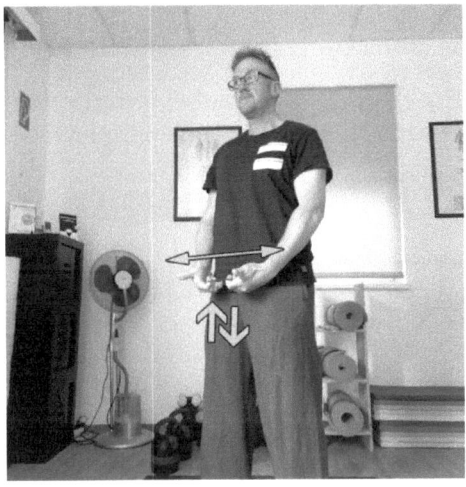

Beschreibung:

<u>Iso:</u> Hebe die Mini-Sling vor deinen Unterbauch und ziehe sie auseinander. Spanne dabei Arme, Schultern, Brust und Rumpf an.

<u>Iso-Move:</u> Mache anschließend, unter Beibehaltung dieser Vorspannung, abwechselnde Bewegungen mit deinen Händen, auf und ab.

Achte während der Übung stets auf einen stabilen Rumpf, indem Du die Bauch- und Gesäßmuskulatur anspannst und die Wirbelsäule aufrichtest!

M:C-ISO-MOVES / oberer Körper „öffnend, vor/zurück" / © Markus Hitzler

Durch den körperschließenden Übungs-Charakter dieses Workouts, werden in erster Linie die Bereiche des frontalen Körpers und die Verbindung von linker und rechter Körperhälfte, des oberen Körpers, angesprochen.

Primär adressierte Muskel-Meridiane dieses Workouts:

Dickdarm / Lunge

Dünndarm / Herz

3fach-Erwärmer / Perikard

03 [W] 01 [E] Überkopf-Presse

Beschreibung:

<u>Iso:</u> Hebe die Mini-Sling überkreuz, über deinen Kopf und drücke sie gegengleich auseinander. Spanne dabei Arme, Schultern, Brust und Rumpf an.

<u>Iso-Move:</u> Mache, unter Beibehaltung dieser Vorspannung, abwechselnde Bewegungen mit deinen Händen, nach links und rechts.

Achte während der Übung stets auf einen stabilen Rumpf, indem Du die Bauch- und Gesäßmuskulatur anspannst und die Wirbelsäule aufrichtest!

M:C-ISO-MOVES / oberer Körper „schließend, li/re" / © Markus Hitzler

Beschreibung:

<u>Iso:</u> Hebe die Mini-Sling überkreuz, vor deine Brust und drücke sie gegengleich auseinander. Spanne dabei Arme, Schultern, Brust und Rumpf an.

<u>Iso-Move:</u> Mache, unter Beibehaltung dieser Vorspannung, abwechselnde Bewegungen mit deinen Händen, nach links und rechts.

Achte während der Übung stets auf einen stabilen Rumpf, indem Du die Bauch- und Gesäßmuskulatur anspannst und die Wirbelsäule aufrichtest!

M:C-ISO-MOVES / oberer Körper „schließend, li/re" / © Markus Hitzler

Beschreibung:

<u>Iso:</u> Senke die Mini-Sling überkreuz, vor deinen Unterbauch und drücke sie gegengleich auseinander. Spanne dabei Arme, Schultern, Brust und Rumpf an.

<u>Iso-Move:</u> Mache, unter Beibehaltung dieser Vorspannung, abwechselnde Bewegungen mit deinen Händen, nach links und rechts.

Achte während der Übung stets auf einen stabilen Rumpf, indem Du die Bauch- und Gesäßmuskulatur anspannst und die Wirbelsäule aufrichtest!

M:C-ISO-MOVES / oberer Körper „schließend, li/re" / © Markus Hitzler

04 - Workout schließend, vor-zurück

Dieses Workout ist erneut sehr ganzheitlich. Durch den körperschließenden Übungs-Charakter der enthaltenen Übungen wird die Verbindung von linker und rechter Körperhälfte gestärkt – besonders durch das Überkreuzlegen der Hände in der Mini-Sling. Gleichzeitig werden durch die vor-zurück, bzw. auf-ab-Bewegungen auch alle anderen Körperebenen angesprochen.

Primär adressierte Muskel-Meridiane dieses Workouts:

Dickdarm / Lunge

Dünndarm / Herz

3fach-Erwärmer / Perikard

Beschreibung:

<u>Iso:</u> Hebe die Mini-Sling überkreuz, über deinen Kopf und drücke sie gegengleich auseinander. Spanne dabei Arme, Schultern, Brust und Rumpf an.

<u>Iso-Move:</u> Mache anschließend, unter Beibehaltung dieser Vorspannung, abwechselnde Bewegungen mit deinen Händen, vor und zurück.

Achte während der Übung stets auf einen stabilen Rumpf, indem Du die Bauch- und Gesäßmuskulatur anspannst und die Wirbelsäule aufrichtest!

M:C-ISO-MOVES / oberer Körper „schließend, vor/zurück" / © Markus Hitzler

04ᵂ 02ᴱ Brust-Presse

Beschreibung:

<u>Iso:</u> Hebe die Mini-Sling überkreuz, vor deine Brust und drücke sie gegengleich auseinander. Spanne dabei Arme, Schultern, Brust und Rumpf an.

<u>Iso-Move:</u> Mache anschließend, unter Beibehaltung dieser Vorspannung, abwechselnde Bewegungen mit deinen Händen, vor und zurück.

Achte während der Übung stets auf einen stabilen Rumpf, indem Du die Bauch- und Gesäßmuskulatur anspannst und die Wirbelsäule aufrichtest!

M:C-ISO-MOVES / oberer Körper „schließend, vor/zurück" / © Markus Hitzler

Rumpf-Presse

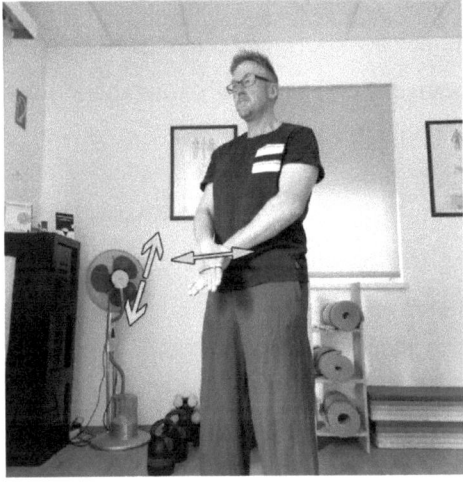

Beschreibung:

<u>Iso:</u> Hebe die Mini-Sling überkreuz, vor deinen Unterbauch und drücke sie gegengleich auseinander. Spanne dabei Arme, Schultern, Brust und Rumpf an.

<u>Iso-Move:</u> Mache anschließend, unter Beibehaltung dieser Vorspannung, abwechselnde Bewegungen mit deinen Händen, auf und ab.

Achte während der Übung stets auf einen stabilen Rumpf, indem Du die Bauch- und Gesäßmuskulatur anspannst und die Wirbelsäule aufrichtest!

M:C-ISO-MOVES / oberer Körper „schließend, vor/zurück" / © Markus Hitzler

Dieses körperöffnende Komplex-Workout integriert anspruchsvolle Bewegungsmuster in dein Training, die alle Körperebenen kombiniert und im hohen Ausmaß beanspruchen. Um hier konstante Spannung, eine genaue Bewegungsausführung und die Grundhaltung während der Übungen einhalten zu können, ist es ratsam, zuerst mit einem der früheren und einfacheren Workouts als Warm-Up zu beginnen und danach zu diesem Workout zu kommen. Auch wenn Du grundsätzlich Probleme – aufgrund der komplexen Bewegungsausführungen - mit der ordentlichen Durchführung dieses Workouts hast, solltest Du zuerst für eine gewisse Dauer mit einfacheren Workouts trainieren und erst, wenn Du diese sicher beherrscht, auf dieses Workout wechseln.

Primär adressierte Muskel-Meridiane dieses Workouts:

Dickdarm / Lunge

Dünndarm / Herz

3fach-Erwärmer / Perikard

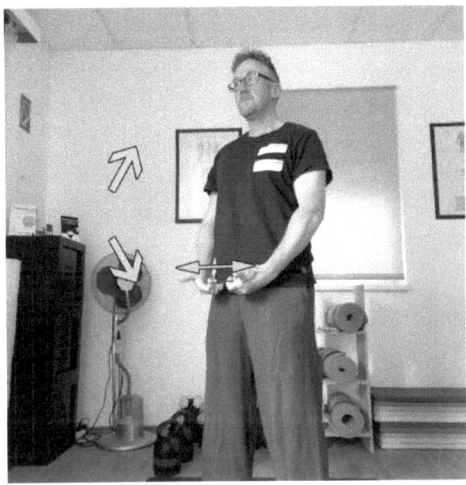

Beschreibung:

<u>Iso:</u> Ziehe die Mini-Sling auf Höhe deines Unterbauchs auseinander und spanne dabei Arme, Schultern, Brust und oberen Rücken an.

<u>Iso-Move:</u> Hebe deine gestreckten Arme, unter Beibehaltung der Vorspannung, auf und ab.

Achte während der Übung stets auf einen stabilen Rumpf, indem Du die Bauch- und Gesäßmuskulatur anspannst und die Wirbelsäule aufrichtest!

M:C-ISO-MOVES / oberer Körper „komplex, öffnend" / © Markus Hitzler

05 02 Komplex „Kreis"

Beschreibung:

<u>Iso:</u> Ziehe die Mini-Sling auf Brusthöhe auseinander und spanne dabei Arme, Schultern, Brust und oberen Rumpf an.

<u>Iso-Move:</u> Mache, unter Beibehaltung der Vorspannung, reisende Bewegungen mit deinen Händen - in beide Richtungen abwechselnd.

Achte während der Übung stets auf einen stabilen Rumpf, indem Du die Bauch- und Gesäßmuskulatur anspannst und die Wirbelsäule aufrichtest!

M:C-ISO-MOVES / oberer Körper „komplex, öffnend" / © Markus Hitzler

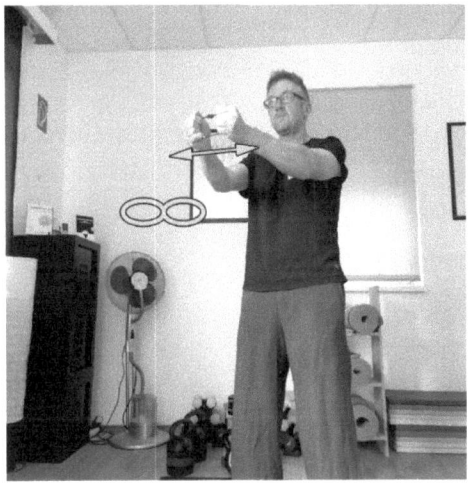

Beschreibung:

Iso: Ziehe die Mini-Sling auf Brusthöhe auseinander und spanne dabei Arme, Schultern, Brust und oberen Rücken an.

Iso-Move: Mache anschließend, unter Beibehaltung der Vorspannung, eine Bewegung wie eine liegende 8 mit deinen Händen.

Achte während der Übung stets auf einen stabilen Rumpf, indem Du die Bauch- und Gesäßmuskulatur anspannst und die Wirbelsäule aufrichtest!

M:C-ISO-MOVES / oberer Körper „komplex, öffnend" / © Markus Hitzler

Auch dieses Komplex-Workout, mit körperschließendem Charakter, ist sehr ganzheitlich. Mache als Warm-Up oder zum Erlernen der Fähigkeit für dieses Workout, einfachere Workouts zuerst.

Primär adressierte Muskel-Meridiane dieses Workouts:

Dickdarm / Lunge

Dünndarm / Herz

3fach-Erwärmer / Perikard

06 [W] 01 [E] Komplex „auf/ab"

Beschreibung:

Iso: Nimm die Mini-Sling auf Höhe deines Unterbauchs überkreuz, drücke sie auseinander und spanne dabei Arme, Schultern, Brust und oberen Rücken an.

Iso-Move: Hebe deine gestreckten Arme, unter Beibehaltung der Vorspannung, auf und ab.

Achte während der Übung stets auf einen stabilen Rumpf, indem Du die Bauch- und Gesäßmuskulatur anspannst und die Wirbelsäule aufrichtest!

M:C-ISO-MOVES / oberer Körper „komplex, schließend" / © Markus Hitzler

Beschreibung:

<u>Iso:</u> Nimm die Mini-Sling auf Brusthöhe überkreuz, drücke sie auseinander und spanne dabei Arme, Schultern, Brust und oberen Rumpf an.

<u>Iso-Move:</u> Mache, unter Beibehaltung der Vorspannung, reisende Bewegungen mit deinen Händen - in beide Richtungen abwechselnd.

Achte während der Übung stets auf einen stabilen Rumpf, indem Du die Bauch- und Gesäßmuskulatur anspannst und die Wirbelsäule aufrichtest!

M:C-ISO-MOVES / oberer Körper „komplex, schließend" / © Markus Hitzler

Komplex „liegende 8"

Beschreibung:

<u>Iso:</u> Nimm die Mini-Sling auf Brusthöhe überkreuz, drücke sie auseinander und spanne dabei Arme, Schultern, Brust und oberen Rücken an.

<u>Iso-Move:</u> Mache anschließend, unter Beibehaltung der Vorspannung, eine Bewegung wie eine liegende 8 mit deinen Händen.

Achte während der Übung stets auf einen stabilen Rumpf, indem Du die Bauch- und Gesäßmuskulatur anspannst und die Wirbelsäule aufrichtest!

M:C-ISO-MOVES / oberer Körper „komplex, schließend" / © Markus Hitzler

Workouts des mittleren Körpers

In diesen Ratgeber sind auch zwei Workouts für den mittleren Körper inkludiert. Diese adressieren in erster Linie den „Core" – die gerade und seitliche Bauchmuskulatur und die mittlere bis untere Rückenmuskulatur, sowie die oberen Anteile der Gesäßmuskulatur. Da ein Großteil es Cores, durch die stabile Grundhaltung (Center-Point-Stabilisierung), bereits in die Workouts des oberen Körpers involviert ist, sind für diesen Körperbereich, im Sinne der reduktionistischen Praktikabilität, nicht so viele differenzierte Workouts nötig, wie für den Bereich des oberen Körpers.

Die Übungen dieses Workouts adressieren primär die gerade und seitliche Bauchmuskulatur. In den vier unteren Übungen sind sowohl isometrische körperöffnende als auch körperschließende Elemente als Grundspannung enthalten. Diese werden mit Links-Rechts-Bewegungen und mit rotierenden Bewegungsmustern des Oberkörpers, kombiniert. So entsteht ein sehr ganzheitliches Workout für den frontalen Rumpf.

Primär adressierte Muskel-Meridiane dieses Workouts:

Dünndarm / Herz

Dickdarm / Lunge

Gallenblase

Magen / Milz

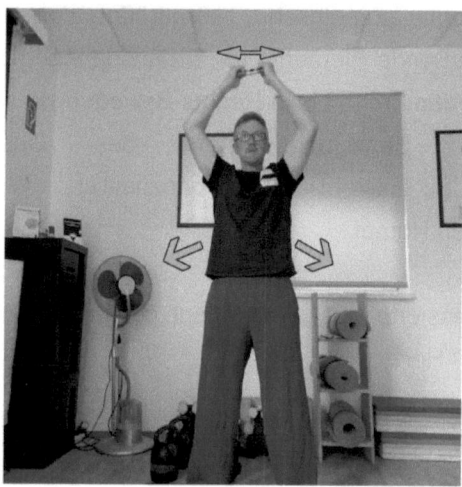

Beschreibung:

<u>Iso:</u> Hebe die Mini-Sling überkopf und ziehe deine Hände voneinander. Spanne dabei deine Arme, Schultern, Brust und Rumpf an.

<u>Iso-Move:</u> Beginne unter dieser Vorspannungen, deinen Rumpf nach links und rechts zu neigen an. Der Oberkörper bleibt dabei aufrecht und die Armposition stabil.

Achte während der Übung stets auf einen stabilen Rumpf, indem Du die Bauch- und Gesäßmuskulatur anspannst und die Wirbelsäule aufrichtest!

M:C-ISO-MOVES / mittlerer Körper „öffnend" / © Markus Hitzler

07^W 02^E Rumpf-Zug rotierend

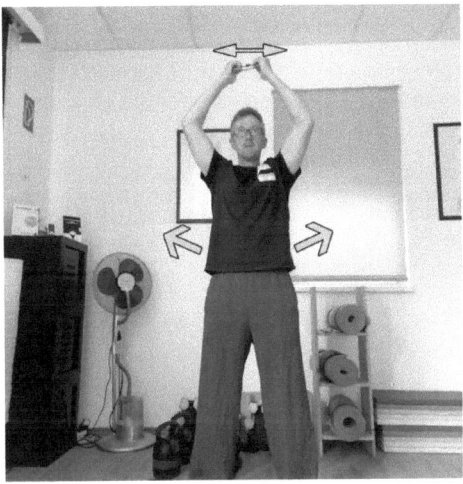

Beschreibung:

<u>Iso:</u> Hebe die Mini-Sling überkopf und ziehe deine Hände voneinander. Spanne dabei Arme, Schultern, Brust und Rumpf an.

<u>Iso-Move:</u> Beginne unter dieser Vorspannung, deinen Rumpf abwechselnd nach links und rechts zu rotieren.

Achte während der Übung stets auf einen stabilen Rumpf, indem Du die Bauch- und Gesäßmuskulatur anspannst und die Wirbelsäule aufrichtest!

M:C-ISO-MOVES / mittlerer Körper „öffnend" / © Markus Hitzler

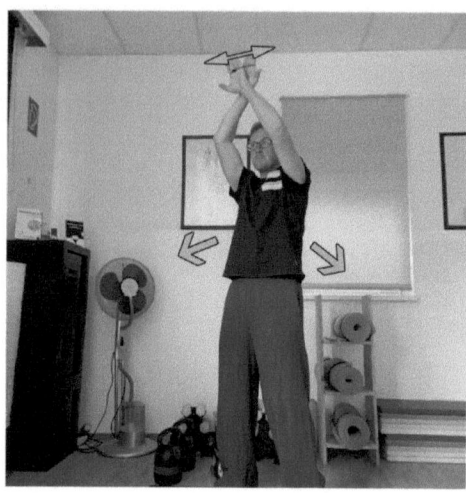

Beschreibung:

<u>Iso</u>: Hebe die Mini-Sling, mit überkreuzten Händen, überkopf und drücke diese überkreuz auseinander. Spanne dabei Arme, Schultern, Brust und Rumpf an.

<u>Iso-Move</u>: Neige, unter dieser Vorspannungen, deinen Oberkörper abwechselnd nach links und rechts. Die Arme bleiben dabei Stabil und der Oberkörper aufrecht.

Achte während der Übung stets auf einen stabilen Rumpf, indem Du die Bauch- und Gesäßmuskulatur anspannst und die Wirbelsäule aufrichtest!

M:C-ISO-MOVES / mittlerer Körper „schließend" / © Markus Hitzler

07^W 04^E Rumpf-Presse rotierend

Beschreibung:

<u>Iso:</u> Hebe die Mini-Sling überkreuz, über deinen Kopf. Drücke die Hände überkreuz auseinander und spanne dabei Arme, Schultern, Brust und Rumpf an.

<u>Iso-Move:</u> Rotiere, unter dieser Vorspannung, deinen Oberkörper abwechselnd nach links und rechts. Die Armhaltung bleibt dabei stabil.

Achte während der Übung stets auf einen stabilen Rumpf, indem Du die Bauch- und Gesäßmuskulatur anspannst und die Wirbelsäule aufrichtest!

M:C-ISO-MOVES / mittlerer Körper „schließend" / © Markus Hitzler

Die Übungen dieses Workouts adressieren Großteils den dorsalen Core – die Rückenmuskulatur und die hintere seitliche Bauchmuskulatur. Körperöffnende und körperschließende isometrische Grundspannungen werden mit Links-Rechts-Bewegungen und rotierenden Bewegungsmustern des Oberkörpers kombiniert, um sehr ganzheitliche Trainingsaspekte zu kreieren.

Primär adressierte Muskel-Meridiane dieses Workouts:

Dünndarm / Herz

Dickdarm / Lunge

Gallenblase / Leber

Blase / Niere

Magen / Milz

[160]

Superman auf-ab

Beschreibung:

<u>Iso:</u> Gehe in die Knie und im gleichen Ausmaß mit dem geraden Oberkörper nach vorne. Hebe die Mini-Sling mit deinen Händen überkopf und ziehe diese auseinander. Spanne dabei deine Arme und den gesamten Rumpf an.

<u>Iso-Move:</u> Hebe nun die Hände, unter Beibehaltung der Vorspannung, auf und ab.

Achte während der Übung stets auf einen stabilen Rumpf, indem Du die Bauch- und Gesäßmuskulatur anspannst und die Wirbelsäule aufrichtest!

M:C-ISO-MOVES / mittlerer Körper „öffnend" / © Markus Hitzler

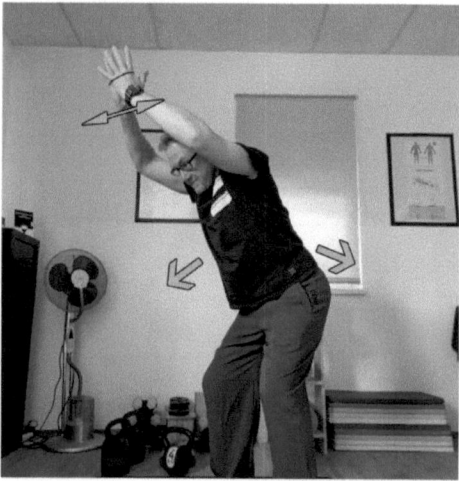

Beschreibung:

<u>Iso:</u> Gehe in die Knie und neige im gleichen Ausmaß deinen Oberkörper nach vorne. Achte dabei auf einen geraden Rücken und hebe die Hände mit der Mini-Sling überkopf. Spanne eine Arme und den gesamten Oberkörper an.

<u>Iso-Move:</u> Neige nun deinen Oberkörper abwechselnd nach links und rechts, ohne die vorige Grundspannung aufzulösen.

Achte während der Übung stets auf einen stabilen Rumpf, indem Du die Bauch- und Gesäßmuskulatur anspannst und die Wirbelsäule aufrichtest!

M:C-ISO-MOVES / mittlerer Körper „öffnend" / © Markus Hitzler

08 03 Superman auf-ab

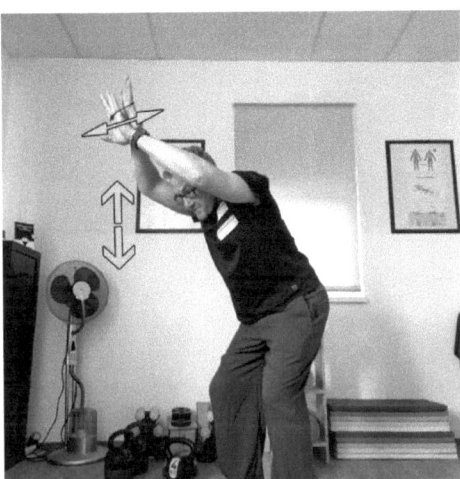

Beschreibung:

Iso: Gehe vermehrt in die Knie und neige im gleichen Ausmaß deinen geraden Oberkörper nach vorne. Nimm dabei die Mini-Sling überkopf und überkreuz. Drücke diese gegengleich mit den Händen auseinander und spanne dabei deine Arme und den Rumpf an.

Iso-Move: Hebe nun unter dieser Vorspannung die Hände auf und ab.

Achte während der Übung stets auf einen stabilen Rumpf, indem Du die Bauch- und Gesäßmuskulatur anspannst und die Wirbelsäule aufrichtest!

M:C-ISO-MOVES / mittlerer Körper „schließend" / © Markus Hitzler

08 W | 04 E Superman links-rechts

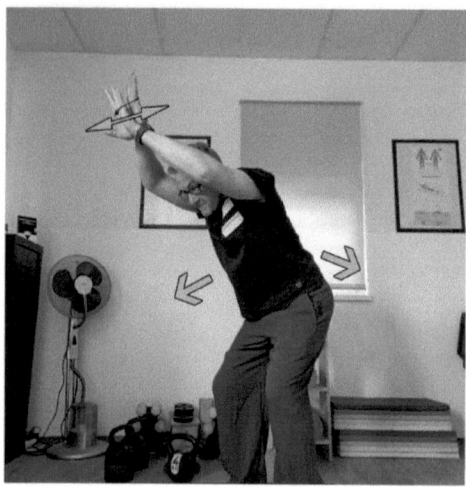

Beschreibung:

<u>Iso:</u> Gehe in die Knie und neige im gleichen Ausmaß deinen geraden Oberkörper nach vorne. Hebe dabei die überkreuzten Hände mit der Mini-Sling überkopf und drücke diese auseinander. Spanne dabei deine Arme und deinen Oberkörper an.

<u>Iso-Move:</u> Neige, unter Beibehaltung der Vorspannung, deinen Oberkörper nach links und rechts.

Achte während der Übung stets auf einen stabilen Rumpf, indem Du die Bauch- und Gesäßmuskulatur anspannst und die Wirbelsäule aufrichtest!

M:C-ISO-MOVES / mittlerer Körper „schließend" / © Markus Hitzler

Bewegung

Wie ich Dir bereits in den einleitenden Kapiteln dargestellt habe, ist unmotorisierte Bewegung im Allgemeinen, einer der Grundpfeiler für eine gesunde Fitness-Journey. Hierbei sind zwei Faktoren zu beachten:

1. Mache täglich ausreichend Bewegung (z.B. eine Anzahl an Schritten oder allgemeiner eine Zeitdauer unmotorisierte Bewegung am Tag).
2. Mache mehrmals wöchentlich so intensive Bewegung, dass Du dabei ins Schwitzen kommst.

Solltest Du kein Freund von Cardio-Training oder Spielsportarten sein, welche Dich über Laufen ins schwitzen bringen, dann biete ich Dir in diesem Kapitel ein paar kreative Lösungen, wie Du deine alltägliche Bewegung so gestalten kannst, dass sie von der Intensität her, ebenfalls richtig trainingsrelevant wird.

Gewichtsrucksack

Seit dem Boom des Cross-Fits als Breitensport-Trainings-Konzept sieht man immer öfter Trainierende mit Gewichtswesten, diverse Workouts absolvieren. Die Idee hinter diesen Westen ist einfach, aber zutreffend: Mache Dich mit Hilfe von Zusatzlast schwerer, denn so hat dein Körper beim Ausführen von diversen Tätigkeiten mehr Aufwand - dadurch entsteht weiter ein verstärkter Trainingsreiz.

Dies gilt für triviale Bodyweight-Kraft-Übungen wie Liegestütze oder Klimmzüge, aber auch bei simplen Gehen. Bist Du schwerer, so verbraucht dein Körper mehr Energie, da er mehr zu tragen hat.

Diese Tatsache kannst Du im Alltag dazu nutzen, aus jedem Fußweg ein kleines Cardio-Training zu machen. Um praktikabel und unauffällig zu bleiben, kannst Du die Gewichtsweste durch einen Sportrucksack ersetzen, den Du mit Gewicht befüllst – das können schwere Bücher, aber auch volle Wasserflaschen usw. sein.

Wichtig ist dabei lediglich, dass Du beide Riemen des Rucksacks nutzt, die Du auch gut festzurrst, damit Du keine einseitige Belastung auf deine Schultern und den Rumpf bekommst. Für Männer ist so ein Gewicht von bis zu 5 kg und für Frauen bis zu 3 kg, sicher gut im Alltag bewältigbar. Solltest Du mehr Gewicht für ein Training nutzen wollen, empfiehlt sich ein Wanderrucksack, bei dem Du durch die Verwendung des Hüftgurts, die Last auf deine Schultern reduzieren kannst.

Shopping-Bag-Walks

Oft machen wir die kleinsten Besorgungen, wie tägliche Nahrungseinkäufe beim Supermarkt in Gehweite, etc., aus schlechten Gewohnheiten heraus, mit dem Auto. Dabei könntest Du genauso einen Fußweg aus diesen Erledigungen machen und die Einkäufe nach Hause tragen.

So kommst Du auf Schritte / Bewegung und gleichzeitig auf ein „Kraft-Ausdauer-Training" indem Du die Einkäufe als Zusatzlast nach Hause trägst.

Hier ist es ratsam, zwei Tragetaschen zu nutzen um die Einkäufe annähernd gleichmäßig auf linke und rechte Körperhälfte zu verteilen, was das Gewicht betrifft. 3 – 5 kg je Tragetasche sind so mit Sicherheit per Fußweg bewältigbar. Solltest Du nur eine Tragetasche haben, dann wechsele diese von Zeit zu Zeit, von der einen Hand, in die andere, damit deine Körperhälften abwechselnd, halbwegs gleichmäßig belastet werden.

Aber auch der, im vorigen Kapitel erwähnte, Rucksack, kann bei dieser Form des schlauen Alltags-Trainings zum Einsatz kommen.

Isometric-Power-Walks

Eine Möglichkeit aus deinen gewöhnlichen Fußwegen ein Training zu machen, die sehr stark mit dem muscle:coaching-Konzept verbunden ist, sind Isometric-Power-Walks. Betrachtest Du die Workouts in diesem Ratgeber nochmals, so wirst Du erkennen, dass Du praktisch alle Übungen für den oberen Körper, auch im Gehen machen kannst.

Diese Form der Übungsausführung ist neuro-muskulär anspruchsvoller, als Übungen im Stehen oder Sitzen auszuführen und Du solltest die Eigenanspannung der arbeitenden Muskulatur bereits gut aufrechthalten können, um die Übungen auch im Gehen in hoher Qualität auszuführen. Die stabile Grundhaltung kann ebenfalls durch die Anspannung der Bauchmuskulatur im Gehen, eingehalten werden. So hast Du dein Core-Workout ebenfalls in deine Fußwege integriert. Natürlich kannst Du auch nur rein isometrische Übungen in dieser Form des Trainings machen. Diese sind im Alltagsleben – gerade im urbanen, belebten Lebensumfeld - weniger auffällig und auch einfacher in hoher Qualität ausführbar, als teilisometrische Übungen. Bei den Isometric-Power-Walks rate ich Dir, Schritte anstelle von Sekunden, im Bereich der rein isometrischen Anspannung, zu zählen – die jeweiligen Entsprechungen für dein individuelles Trainingsziel findest Du nochmals in der unteren Grafik.

(Trainingsbereiche & Schrittanzahlen bei den Isometric-Power-Walks)

Natürlich musst Du auch keine Mini-Sling für die obere Übungsform nutzen, wenn sie Dir zu auffällig in deinem aktuellen Workout-Setup erscheint. Auch nur das Verbinden der Hände zu einem festen Griff, den Du nicht löst, reicht für die Ausführung vieler Übungen aus. Hier kannst Du mit etwas Kreativität sicher selbst Lösungen für deine Bedürfnisse finden.

Auf diese schlaue Art und Weise kannst Du ein „Cardio-Training" mit deinem Kraft-Training, zeitsparend kombinieren und schlägst somit zwei Fliegen mit einer Klappe.

Bildnachweise

Alle Bilder sind © by fotolia.com / AdobeStock (unter Bearbeitung von Markus Hitzler) oder © by Markus Hitzler selbst.